楠木正成

新井孝重

吉川弘文館

目　次

〔カバー〕聖徳太子未来記を披見する楠木正成

正成着用の甲冑は五枚兜に六段の大袖を付属した大鎧である。褐絲縅《かちいとおどし》の錣《しころ》、大袖、草摺の裾につく菱縫板《ひしぬいのいた》は、斜め十文字に菱綴《ひしとぢ》した縅毛《おどしげ》でかざられている。縅毛の色鮮やかな朱は黒い甲冑を美しく引き立たせる。またよく見ると、この板には金彩で菊水が描き込まれている。顔の表情は豊かで、全体として丁寧な筆づかいの古画である。

図版目次

【凡　例】

一、クスノキ氏の漢字表記は「楠」「楠木」と両方書くが、本書ではすべて「楠木」で統一し表記する。

一、足利尊氏の「尊氏」は、もと「高氏」であったが、本書では書き分けの煩を避けてすべて「尊氏」とする。

一、護良親王は、はじめ尊雲法親王、大塔宮と称し、のちに護良と名乗るが、本書では書き分けの煩を避けて、「大塔宮護良」もしくは「護良」とする。

一、引用史料のうち古文書は、原則ひらがな交じり訓み下しとし、太平記など漢字交じりの文章は読みやすいように、適宜漢字に送り仮名を付け加えた。

一、本文所掲の戦前（アジア太平洋戦争前）の研究者は、それじたいが歴史の対象と考え、敬称を略した。

元弘三年の河内金剛山——プロローグ

心の程こそ不敵なれ

元弘三年（一三三三）旧暦の二月末（二十六日か）、山の桜が咲きはじめたころ、河内国の金剛山《こんごうさん》西麓に戦争が始まった。この山の山間部、奥まったところにある千早城《ちはやじょう》にむけて、鎌倉幕府の軍勢がいっせいに攻撃を開始したのである。世にいう千早城合戦である。この攻撃に鎌倉は軍勢の主力を投入した。ここで千早城を落とせなければ、鎌倉の威信は揺らぎ、全国に討幕蜂起を引き起こすかもしれない。幕府にとっては絶対負けられない一戦であった。

たしかに鎌倉が恐れるように、この合戦は成り行きによっては、鎌倉権力が倒壊するきっかけにもなりかねなかった。そのきっかけのカギを握り、千早城本丸に立っていたのが河内国の楠木正成という男であった。かれはこの時から、何時までともわからない籠城戦を開始し、鎌倉軍勢と死闘を続けることになった。突兀《とっこつ》としてそびえる千早の城郭から、密集する大軍勢を見下ろす正成の心のほどを、軍記物語は次のように伝えている。

　大軍の近づく処には、山勢是《さんせいこれ》が為に動き、時の声の震《ふる》ふ中には、坤軸須臾《こんじくしゅゆ》に摧《くだ》けたり、この勢にも恐れずして、纔《わずか》に千人に足ぬ小勢《こぜい》にて、誰を憑《たの》み何《いつ》をか待共《まつとも》なきに、城中にこらへて、防ぎ戦《たたかい》ける楠が心の程こそ不敵なれ、（太平記巻第七「千劔破城軍事」）

　この年正月に上洛した鎌倉の主力軍勢は、三手に分かれ討幕軍の根拠地である千早・赤坂・吉野山を攻撃、ほとんど時を同じくして（閏二月一日前後）河内赤坂城（城将平野将監《ひらのしょうげん》入道）と吉野（城将護良《もりよし》親王）を落とした。そしてそのまま正成の金剛山千早城に殺到した。河内道から千早赤坂方面にすすんだ阿曽弾正少弼時治《あそだんじょうしょうひつときはる》の軍勢に、吉野方面に進んだ二階堂《にかいどう》出羽《でわ》入道道蘊《どううん》の軍勢と、大和道を金剛山の背後にまわった大仏《おさらぎ》陸奥《むつ》右《う》馬助《まのすけ》高直《たかなお》の軍勢が、千早攻めの包囲軍となって一処に会したのである。

　この時の鎌倉の軍勢はどのくらいの規模であったか、正確には分からない。ただ、わたしたちは『太平記』の記述（八〇万騎とも一〇〇万騎ともいう）に引きずられ、ともすれば

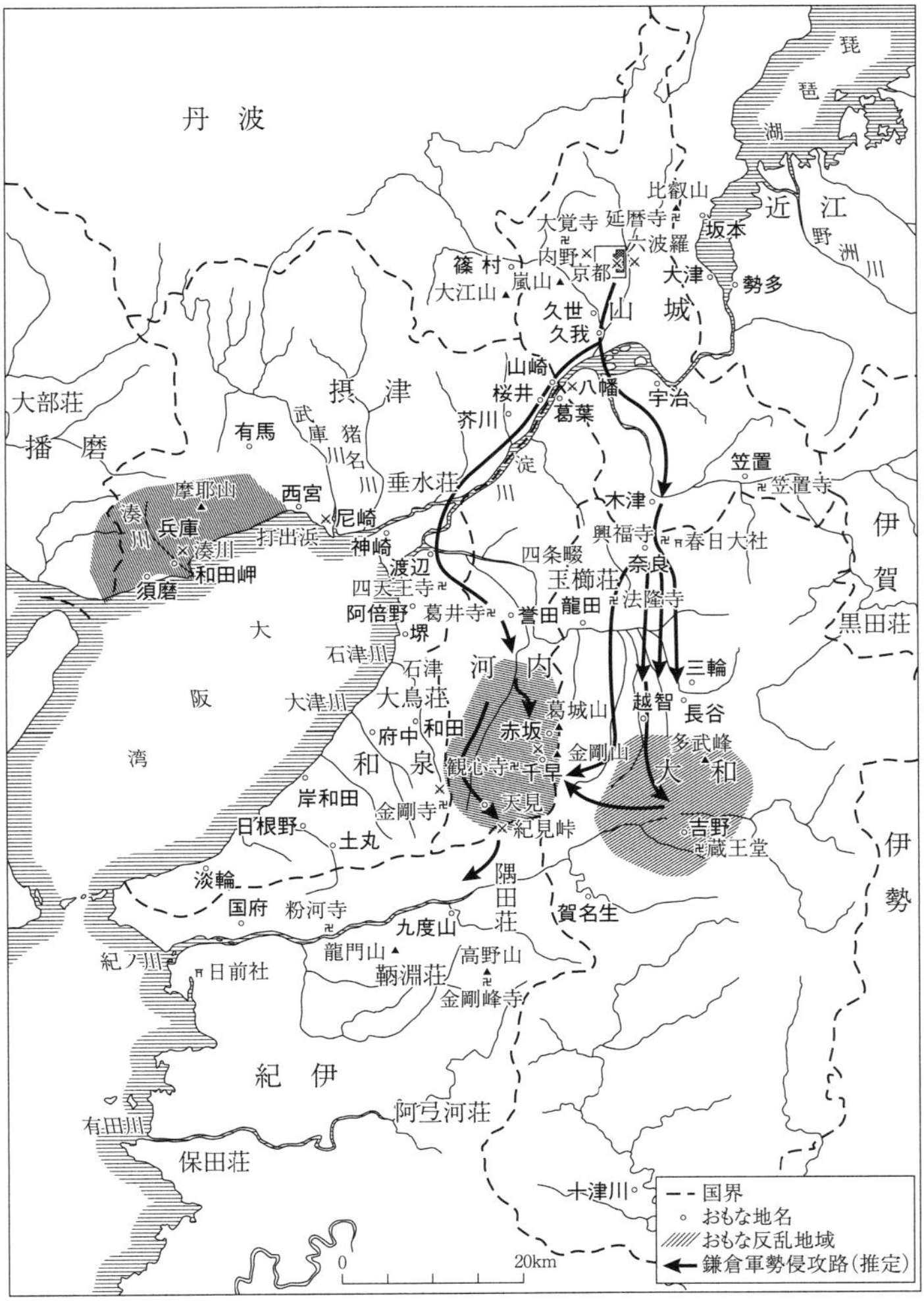

図1　元弘3年畿内軍事要図

3　元弘三年の河内金剛山

途方もない人数を思い浮かべがちである。だが実際には想像よりはるかに少なかったろう。おそらく二万五〇〇〇人ぐらいではなかったかと思われる（一二三頁参照）。

とはいえ、金剛山西麓の谷間を埋める攻撃軍は、山上から見下ろせば、ものすごい数にみえたはずだ。そのうえこの時代の兵はイエの旗を押し立てていたから、合戦の指揮を執る大将・軍奉行《いくさぶぎょう》はもちろん、動員された御家人までもが、家紋をあしらった旗を林立させ、峯の嵐にひるがえらせていた。雲霞《うんか》のような軍勢のなかに浮かぶ孤塁であれば、籠る城兵にとってはもう、千早城は風前の灯におもえたに違いない。

大石・丸太、怒号と矢叫び

千早の城郭は金剛山支脈の尾根上に構築された天嶮《てんけん》の要害である。南北は谷深く切れ込み、その急斜面は風化花崗岩《かこうがん》の砂礫《されき》であるから崩れやすく、登るにも足を取られ容易ではなかった。東西は一本の尾根筋で、城郭の上はそのまま金剛山の主峰につづき、下に向かっては堀を切り、逆茂木《さかもぎ》を布くか木戸を構えれば、敵が攻めのぼるのは困難であった。合戦はこの城をめぐる攻防戦としてはじまった。

攻撃軍は赤坂・吉野両城の攻略についで、千早も一挙に落とそうとした。だが、じっさいに攻めるとそうはいかない。鎌倉の兵どもが楯をかざし、群がるようにして山を登る、そして木戸口まで辿り着くと、「えもいはず武《たけ》きものども」はいきなり郭《くるわ》から雨あられと大石を投げ落とした（増鏡第十九「久米のさら山」）。大石にあたった楯板は微塵《みじん》に打ち砕かれ、慌てふためく鎧武者《よろいむしゃ》は石につぶされ、あるいは礫《つぶて》に打たれ、矢を射られて四方の坂を転げ落ち、たちまち麓には重なるように死人・手負人《ておいにん》の山ができた。

攻め口にいた斎藤新兵衛入道というものの子息兵衛五郎は、山上からの石礫《いしつぶて》（投石）に数ヵ所打たれて大けがをした（辛くも存命）。家子《いえのこ》・若党《わかとう》は手負ばかりでなく多くの死人をだした（楠木合戦注文）。また安芸国三入荘《みりのしよう》の住人熊谷直経《くまがいなおつね》は、一族を召し具して城郭の「大手ノ北ノナカヨリ、ヘイ（塀）ノキワエ」攻めのぼったが、そのさいは旗指《はたさし》（中平三景《なかへいぞうかげ》能《よし》）が右の眼じりに飛礫をうけた（鎌倉遺文四一・三二〇四三号、以下鎌倉遺文は鎌遺と略す）。一緒に攻めのぼった一族の熊谷直氏《なおうじ》も、木戸口で楯板を数十枚、大石に打ち破られ、自身は右股に骨まで達する矢傷を受けた。そしてここでも、礫に打たれたけが人は虫の息になっている（鎌遺四一・三二〇四四号）。

およそ武士の戦いらしからぬ、「尋常《よのつね》ならぬ合戦の体《てい》」はこればかりではない。攻城軍が攻めあぐねて遠巻きすれば、挑発してでも敵兵を城に引きつけ、こんどは切岸《きりぎし》上の大木を「切って落とし懸け」て押しつぶした。そうかとおもえば、藁人形（城兵のダミー）を城外の木隠れに並べ置き、そこから鬨《とき》の声をあげる。城兵が外に出たとおもいこんだ敵は、藁人形めがけて攻めかかる。そこへまた例の「大石《おおいし》を四五十、一度にばつと発《はな》す」。敵は大損害を出したうえ、城兵がただの藁人形であったことにくやしがる（太平記巻第七「千劒破城軍事」）。怒号と矢叫びがひびき、飛礫がうなり、丸太が土ぼこりをあげる戦場は、鎌倉武士にとっては勝手が違いすぎた。

山野を駆ける野伏

二階堂道蘊に吉野山を攻め落とされた護良親王は、山を脱出して高野山《こうやさん》に隠れ、そのあとは南大和の山岳寺院を転々と移動しながら、討幕派武装民に指令を与えていた。この指令（護良親王令旨《りょうじ》）が寺社堂衆《どうじゅ》・行人《ぎょうにん》・山伏や、地侍《じざむらい》・芸能民らの雑多な武装の徒に浸透するにつれ、千早城攻防の局地戦争は拡散の様相を呈し、いつのまにか畿内全体が戦線なき戦場と化していった。こうなると千早攻防戦の主導権は、まちがいなく楠木正成のものになる。

高間《たかま》大弐《たいに》房高秀《ぼうこうしゅう》・同舎弟輔房快全《すけのぼうかいぜん》ら大和国の住人は、吉野が落ちた後に大和・山城の山野に走り、奈良市街地・興福寺《こうふくじ》に戦い、さらには楠木合戦の後詰《ごづめ》となって、金剛山の「在々所々」で「朝敵人と連日合戦」している（鎌遺四一・三二三二〇号）。高間のような武装民兵が畿内のいたるところに動きまわり、鎌倉軍勢の戦力を背後から弱めていたわけだ。

去程《さるほど》に吉野、戸津河《とつがわ》、宇多《うだ》（宇陀）、内郡《うちのこおり》（宇智郡）の野伏共《のぶせりども》、大塔宮《おおとうのみや》の命を含《ふくん》で相《あい》集《あつま》る事、七千余人、此《ここ》の峯彼《かしこ》の谷に立隠《たちかくれ》て、千剣破《ちはや》の寄手共《よせてども》の往来の路《みち》を差塞《さしふさ》ぐ。依之《これにより》諸国の兵の兵糧《ひょうろう》忽《たちまち》に尽《つき》て、人馬共に疲れければ、転漕《てんそう》に怺兼《こらえかね》て、百騎二百騎引て帰る処を、案内者《あないもの》の野伏共、所々のつまりづまりに待受て、討留《うちとどめ》ける間、日々夜々に討《うた》るゝ者数を知らず。（太平記巻第七「千劒破城軍事」）

攻城戦に苦戦を強いられ、補給線を破壊されれば、軍勢の戦意と戦力は弱っていかざるをえない。これにたいして討幕反乱勢力は意気軒高で、高揚する革命的な反権力意識は交通路や町場のゴミゴミしたところを介して、人びと（底辺大衆）のなかに広まっていく。とらまえようのない有象無象の大衆に支えられ、反乱の火の手があちこちにあがる。こうした流れは、鎌倉のもっとも恐れるところであったが、事態はそのような方向へ確実にうごいていた。

西国では備前・播磨・伊予などの諸族が相次いで蜂起し、ついには後醍醐《ごだいご》天皇が流刑の島から脱出し、これを奉じた名和長年《なわながとし》が伯耆国船上山《ほうきのくにせんじょうせん》に挙兵したのである。歴史の回転軸はかくして大きくまわりはじめた。やがてその動きは足利尊氏・新田義貞による鎌倉北条氏滅亡への決定的挙兵を引き起こす。正成はその時の討幕の状況を、後年になって述懐している。

元弘のはじめ、潜《ひそか》に勅命《ちょくめい》を受けて、俄《にわか》に金剛山の城に籠《こもり》しとき、私のはからひにもてなして、国中を憑《たのみ》て其功《そのこう》をなしたりき、爰《ここ》にしりぬ、皆心ざしを君に通《かよわせ》奉《たてまつり》し故なり、（梅松論）

山野を走る野伏《のぶせり》の支援をうけて、ついに千早の孤塁を持ちこたえた、正成ならではの言というべきであろう。かれは沸騰する時代のエネルギーを、革命化する大衆の意識のなかにみていた。そのうえで雑多な身分・生業《なりわい》の大衆に身をおく武装民兵（野伏）の力を、おのが戦力に組み込んでいた。「私のはからひ」ではなく「国中を憑て其功をなした」というのは、楠木合戦のありさまをよく示している。「国中」とは革命化する大衆と、山野を駆ける野伏にほかならなかった。

皆心ざしを君に通わせ奉りし

ところで正成の述懐には、もうひとつ興味深いひと言がある。それは「其功なした」原因として「皆心ざしを君に通わせ奉りし故なり」といっていることである。これを伝える『梅松論《ばいしょうろん》』の性格上、じっさいに正成がいったかどうかはもちろん不明だが、かれが生き

図２　黒韋威矢筈札胴丸（伝楠木正成奉納）

この胴丸は兜と大袖をそなえるゆえに三物（みつもの）と称す。背面二の板の構造には大鎧の制がのこり、古い様式をつたえる。山野での戦闘が常態化すると、武士は重量過大で動きずらい大鎧より、軽量で手足が自由に動かせる、胴丸をこのんで着用するようになった。

た時代の意識をとらえようとするとき、このひと言は興味ぶかい。大衆である「皆」の「心ざしを、君に通わせ奉る」意識はけっして一方的ではなく、雲上の後醍醐天皇と、じつは双方向的な関係で結合していた。

天皇と大衆（mass）のあいだを結びつけている、一四世紀初期のこうした意識は、他の時代にはみられない大衆の行動をつくりだしていた。それはまず既存の秩序を乗り越える行動となってあらわれる。既存の秩序を秩序たらしめる、これまでの権威に怯懦《きょうだ》し、ひれ伏してきた人びとは、秩序の枠をつきぬけて天皇と直接結合することによって、身の回りの支配的権威（荘園《しょうえん》の権威、寺社の権威、武家の権威、あるいは既存の王朝の権威まで）を相対化してしまい、ついには無化した。この結果、もろもろの権威に裏うちされた慣例や制度まで破壊しはじめたのである。

さて、後醍醐天皇も慣例や制度からの掣肘《せいちゅう》は邪魔だった。おのれに自由な親裁と権力の無制限絶対化を実現するには、既存の秩序をこえて直接に大衆とむすびつき、これを動員する以外にはないと考えた。大衆をひきつけるのに成功したかれは、大衆のエネルギーを政治の運動力に転化し、討幕戦争の軍事力とした。後醍醐は腹心の廷臣を各地に派遣しては民情をさぐり、中央・地方の区別なく、身分・生業の区別もなく、大量の綸旨《りんじ》（天皇の意志を直接伝える奉書形式の文書、蔵人《くろうど》がこれを奉ずる場合、薄墨紙《うすずみがみ》が用いられた）を大衆に向かって散布した。かくして、既存秩序の枠のなかにはない軍事力を生み出すのに成功したのであった（新井孝重：二〇〇四年）。

身分や家格からは無縁の底辺大衆は、中世社会を組み立てている権威的秩序（それは差別と収奪の秩序でもあった）に抑えつけられ、怨恨《えんこん》と反逆の感情を支配者にたいして抱いていた。だが怨恨も反逆も、それだけでは国家転覆の運動力とはならない。けっきょく既存の権威が既存の国家につながるいじょう、その国家を否定する別の権威が大衆には必要だったわけである。*

* 伊賀国には黒田荘《くろだ》という東大寺の荘園がある。そこに住む住人が寺の支配に反抗し悪党化したとき、自分たちをことさら天皇の供御人《くごにん》であると称しはじめた。もともと供御人の身分をもっていたことはたしかで、かれらが川で漁をし、加工品（鮎ずし）を販売するのに、どこへでも自由に往来できたのはこの身分のおかげであった（網野善彦：一九八四年、新井孝重：二〇〇五年）。ところがかれらが寺に反抗するうちに、この身分はべつの意味を帯びて意識されるようになる。それは一四世紀の内戦前夜にうまれた「天皇」直結の身分意識で、東大寺の権威に対抗しうる、新しい権威として意識されるようになった。

楠木正成をどう観るか

楠木正成を多少なりとも、これまで蓄積された学問の成果をふまえて論じようとするなら、いくつかの視点と方法に気を配ることが必要である。ひとつ目は、楠木正成そのものの身元をあたうかぎり洗いだすことである。戦後（アジア太平洋戦争後）の正成に関する研究は、戦前来のドグマ（「忠臣正成」のドグマ）から解放され、新しい視点から豊かな成果を生みだしてきた。とはいえ史料不足の壁は厚く、まだまだ不明な点がおおいのも事実である。

最近では楠木氏の故郷が、根拠地河内国から離れたところ（駿河国）に別にあって、そこと河内国とはともに北条氏の所領という共通項で結ばれていたことが明らかにされている。こうした新しい知見を学びながら、楠木氏の出自をさらに調べることは必要であろう。そうすれば正成が戦った相手、すなわち鎌倉北条氏との関係は、よりはっきりしてくる。

ふたつ目としては、楠木正成を一三、四世紀の政治過程のなかに措《お》いてみることである。戦争を異なる形態をとる政治の延長とみたばあい、正成がはたした千早籠城戦と、これがひきおこす全国的蜂起は、一三、四世紀の政治史のなかで特筆すべき大事件であった。また後醍醐天皇の政治手法（既存の権威秩序を無視する政治手法）の結果、政府部内で重用された「いやしき」正成が、なぜ悲惨な末路をたどらねばならなかったか、そのことにも目を向けたい。

三つ目としては、正成がたよりにした軍事力は、いったいいかなる人びとから成り立っていたのか。正成の周りにいる兵のなかで、名のある武士は驚くほど少ない。にもかかわらず当時の国家権力（鎌倉幕府）を相手に戦うことができたのは、この時代の矛盾を体現している無数の民間武装民に依拠したからにちがいない。畿内農村に張りめぐらされた地侍《じざむらい》・住民のつながり（これを武装コミュニティとよぶことにしよう）を、正成の軍事力と関連させて考えてみたい。

＊

楠木正成は実像のはっきりしない人物であるにもかかわらず（あるいはそれ故にか）、『太平記』での叙述が恣意的に使われ、戦前・戦中には国家主義イデオロギーの道具として散々に利用された。このため戦時中の教育をうけた人びとのなかには、正成そのものに嫌悪を覚えるひとがすくなくない。戦争時代の「正成」が、忠君にはげみ国家に命をささげることを一人ひとりに強いる、イデオロギーの装置であったと気づいたとき、ひとは「正成」をゆるせないのである。

わたしたちはこうした事実を見るにつけ、わが国近代の歴史のなかの「正成」を無視するべきでない。戦前戦中の「正成」は学問的に（合理的かつ理性的に）検討することをゆるされなかった。戦後の憲法のもとで学問の自由が保障され、わたしたちははじめて等身大の正成に光を当てることができるようになったのである。だからいまの自由のなかで、その〈生ける正成〉があきらかになるならば、それがどのような歴史と論理をへてイデオロギーの道具〈死せる正成〉にまで変容をとげたか、これを究明するのはすこぶる大きな問題である。

こうした観点を総合的かつダイナミックに構想した研究が、兵頭裕己氏によってすでに出されている（兵頭：一九九五年）。本書もまたこの魅力的な構想に学び、せめて問題意識としては保持したいとおもう。イデオロギーとしての「正成」をつくりだす、日本人の精神史に目をむけないと、かりに民衆の味方、ロビン・フッドのような反体制の英雄像を明らかにしても、それだけでは国家主義の道具としてつくりかえられていった、もうひとりの「正成」は見えてこないとおもう。

第一章　列島、戦乱のマグマ

分裂と反目の時代相

反目する二つの皇統

わが国一四世紀の戦乱は、直接には京都朝廷と鎌倉幕府のあいだの闘争となって爆発する。その大きな火だねは一三世紀末いらいの王家の分裂にあった。それは文永九年（一二七二）後嵯峨《ごさが》法皇が次代の「治天《ちてん》の君」を決めずに世を去ったことからはじまる。これ以後の天皇の位は子の後深草《ごふかくさ》上皇の系統（持明院《じみょういん》統）と亀山《かめやま》天皇の系統（大覚寺《だいかくじ》統）のあいだで争われ、尊治《たかはる》親王が天皇即位（後醍醐天皇）したころは、尊治所属の大覚寺統がさらに分岐する。それぞれの系統は複雑に絡みあいながら皇位をめぐって争いつづけた。

はじめは大覚寺統が優勢であったが、後深草にたいする鎌倉北条氏の同情もあって、やがて持明院統がまきかえす。分のわるい亀山天皇は、浅原為頼《あさはらためより》による内裏《だいり》（伏見《ふしみ》天皇）襲撃事件*との関係をうたがわれ落ち込むが、永仁六年（一二九八）こんどは大覚寺統が幕府にはたらきかけ、後宇多《ごうだ》上皇（大覚寺統）の皇子を太子にたて、これを後二条《ごにじょう》天皇とするのに成功した。ところが延慶元年（一三〇八）にこの後二条天皇が死去すると、ふたたび持明院統の花園《はなぞの》天皇が即位することになった。

文保元年（一三一七）大覚寺統は、皇太子尊治親王の即位を速めるため、幕府をまきこんで持明院統への攻勢を強め、花園天皇に譲位をせまった。持明院統はこれに応じないか

皇統系図

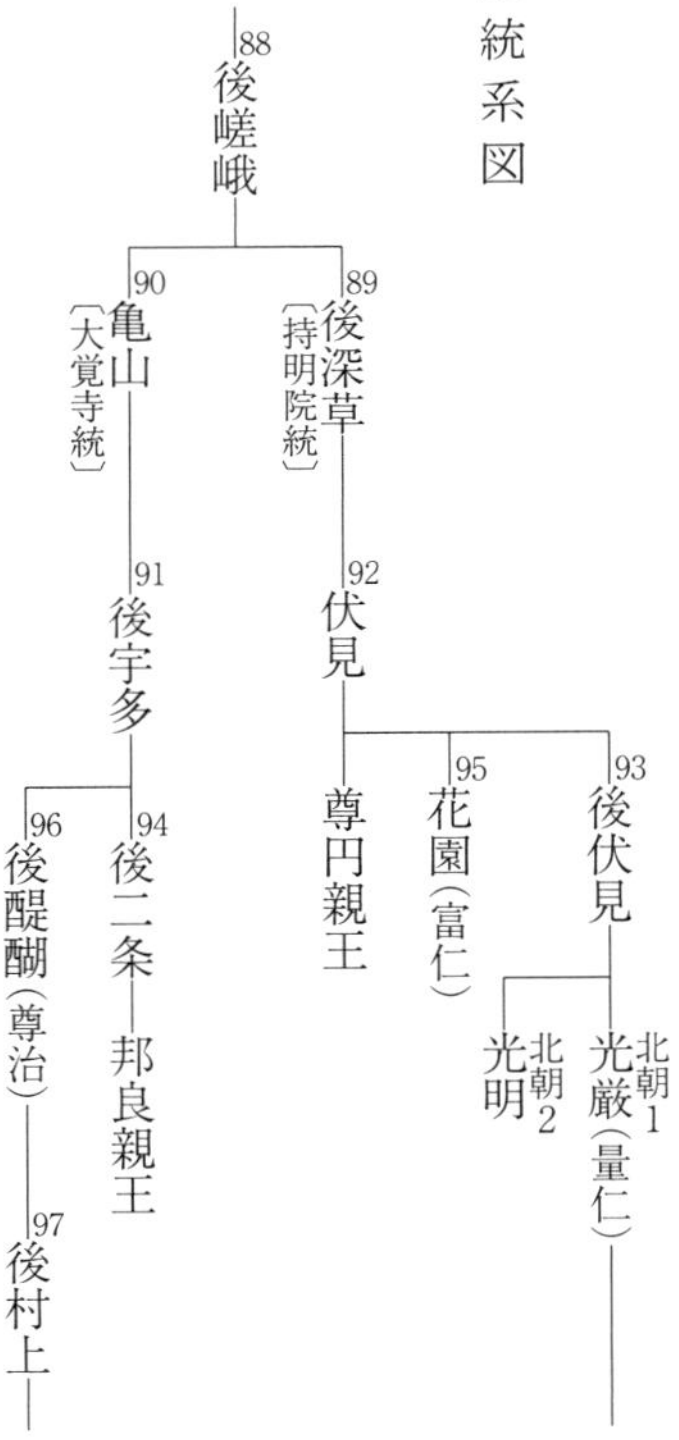

ら、困った幕府は大覚寺統にたいし、将来尊治即位にさいしては、同じ大覚寺統の邦良《くによし》親王（後二条天皇子息）を皇太子に立て、その次に持明院統の量仁《かずひと》親王（のちの光厳《こうごん》天皇）を立てることを提案した。とうぜん持明院統はこれに応じなかった。が、中心人物であった伏見上皇が崩じたため、大覚寺統からの譲位圧力はさらに強まり、これに抗しきれなくなった花園は文保二年ついに皇位を退いた。ここに大覚寺統後宇多上皇の院政と後醍醐天皇の登場となった。

それにしても、こうした王家内部の争いは、なぜこの時期に発生し、修復不能までに拗《こじ》れていったのだろうか。戦前来（太平洋戦争前から）の解釈にのっとれば、後嵯峨法皇自身が鎌倉の配慮によって予期せず皇位についた関係で、幕府に遠慮して故意に後継者を明言しなかったことによる、とか、あるいは親の子にたいする決断の優柔不断さがこうした事態をまねいた、ということになろう。しかしそのような非歴史的な理解だけでは皮相にすぎよう。原因はたんに王家内部にあるのではなく、もっと広く深いこの時代の社会のありようと結びついていた。

＊ 正応三年（一二九〇）三月九日、浅原為頼は子息をひきつれて内裏に乱入して、伏見天皇の暗殺を企てたが失敗した。『増鏡』（第十三「今日のひかげ」）によると、その日の夜浅原ら「おそろしげなる武士」

三、四人が馬に乗って内裏に駆け入り、殿中に上がってきた。みれば赤地の錦の鎧直垂《よろいひたたれ》を着て緋縅《ひおどし》の鎧を着た赤鬼のような男だった。女官の機転で天皇は難を逃れ、浅原らは洛中《らくちゅう》の篝屋《かがりや》武士に包囲されて自害した。浅原が自害にもちいた刀など遺留品から、この事件が亀山法皇の命によるものだったのではないかと疑われた。大覚寺統は苦境におちいり、亀山は事件にはいっさい関知せぬ趣を誓状にしるし、鎌倉へ遣わし事態の鎮静をはかった。それにしても事件は奇怪で、なぜ浅原という没落武士（甲斐源氏小笠原の一族という）が内裏を襲ったのか、動機と背後関係は分からない。

寺の社会も武士の世界も

持明院・大覚寺両統の争いの原因を考えるにあたって、皇位ばかりではなく、王家に伝わる大規模な荘園群をめぐっても争っていることは一つのヒントになる。かつて後白河《ごしらかわ》天皇が京都六条殿に営んだ長講堂《ちょうこうどう》には数多くの荘園が付属しており、ひっくるめて長講堂領と称していた。この領は後深草上皇の下にはいり持明院統に伝領された。また鳥羽天皇が皇女八条院《はちじょういん》暲子に譲った所領と安楽寿院《あんらくじゅいん》に寄進された所領はあわせて八条院領と称され、亀山天皇が所有するところとなり大覚寺統に伝えられた。

長講堂領と八条院領は持明院統と大覚寺統の重要な財源となっていた。ふたつの荘園群はそれぞれの廷臣を組織し、おのれの皇統の勢力を強めるために不可欠の財政基盤になっていた。経済上の重要性がおおきければ、それだけ王家内部での所領のとりあいは激しさをまし、紛乱の原因となっていた。室町院（後堀河《ごほりかわ》の皇女）が厖大な遺領（室町院領）をのこして死んだとき、その帰属をめぐって両統が激しくあらそったのはこうした事情を示している（網野善彦：一九七四年）。

分裂と争いがおきたのは王家にかぎらない。この時代の社会のいたるところではじまっていた。大きな寺院には天皇や上級貴族の子弟がくらす院家《いんけ》（寺から離れた独自の組織）があり、それぞれが寺の所有下にはいらない財源をもっていた。そういう財源の多くは、寺の荘園のなかに私領として、あるいは職《しき》（おおくは領家職《りょうけしき》）として存在しており、しかも院家の私有財産として相伝されていた。院家の私領・私財をいとなむ風が、一般の僧徒のなかにまでひろがると、寺のなかはやがて私財をもちたがる我執・我欲の闘争舞台となりはて、合戦闘諍の絶えないありさまとなっていった。

比叡山では僧の武装化と闘諍は枚挙にいとまなく、正和三年（一三一四）には六月に釈迦堂に閉籠、十二月には大宮に閉籠、そして翌年にはふたたび釈迦堂に閉籠、根本中堂に僧徒群居するありさまであった。元応元年（一三一九）には三塔の衆徒が園城寺《おんじょうじ》（三井寺《みいでら》）に発向し三井寺衆徒と合戦し、勝ちに乗じた叡山僧徒は金堂以下の堂舎・僧房一宇ものこさず焼き払った（花園院宸記、元応元年四月二十五日条）。こうした合戦闘諍は南都にも見られた。嘉暦二年（一三二七）三月には大乗院の性眞禅師《しょうしんぜんじ》が六方衆《ろっぽうしゅう》と確執をおこし、ために六方衆から攻撃をうけて寺中合戦となった。このとき金堂・講堂などの主要堂舎を焼失した（興福寺略年代記、北条九代記嘉暦二年三月十二日条、太平記巻第二「天下怪異事」）。

武家の社会ではどうか。ここでも同じような分裂と反目が激しさをくわえていた。モンゴルの襲来の時代に、肥後国住人で家督を継いだ菊池《きくち》武房《たけふさ》の子（じつは実子隆盛の子で祖父武房の養子となった）時隆《ときたか》は、父武房の死去のとき伯父武本《たけもと》と遺領をあらそい、鎌倉の法廷（諏訪左衛門尉宅）で武本と刺し違え、双方ともに死んだ（菊池系図）。石見国周布《すふ》郷の惣《そう》領地頭《りょうじとう》兼宗は、やはり遺領をめぐる庶子《しょし》兼光との実力闘争に苦しみ六波羅《ろくはら》へ訴えた。六波羅はこれにたいし、近隣の地頭内田頼員につぎのような命令を発している。

> 石見国周布郷惣領地頭兼宗代の頼重が申す、兼光が惣領分に打ち入り、城郭を構え濫《らん》妨《ぼう》以下の狼藉《ろうぜき》を致す……、（中略）早く河上添三郎入道と相共に、惣領分の田畠在家においては、外題《げだい》の安堵《あんど》にまかせて、悉《ことごと》くこれを沙汰付けし、城郭に至りては、これを破却せしめよ、且《かつ》は理非を糺明せんがため、兼光を催し上げ、且は起請《きしょう》の詞《ことば》を載せ、分明に散状を申されるべきなり、更に緩怠の儀あるべからず、仍《よっ》て執達《しったつ》くだんの如し、
>
> （鎌遺四〇・三一三四四号）

惣領と庶子のあいだはことに反目しやすく、右の事例ほどではなくとも、豊後国の志賀禅季のように異国合戦について、惣領泰朝からの軍務催促を拒否することなどは普通にみられた（鎌遺一六・一二三〇三号）。こうして族内の不幸がいつものことになってくると、家長は財産を譲るべき相手にわざわざ、「ゆずりわたすところしつしやう《（実正）》也、もしいかなるしんるい《（親類）》出来《しゆつたい》し、いらん《（違乱）》をなすというとも、ことなるさをい《（相違）》なくちきやう《（知行）》すへく候」などと書き添えるようになる（鎌遺三八・二九四八三号）。所領をめぐる争いは一族のなかでも、我執まるだしのあらそいとなって地方社会を混乱させていた。

両統対立にけりをつける

王家の内紛にはなしを戻そう。文保二年（一三一八）花園天皇退位のあと、尊治が即位して後醍醐天皇となったことはすでに述べた。この即位にはまえもって、後宇多上皇の主導で尊治即位のあとは後二条の子邦良が皇太子に立ち、邦良のあとには、持明院統からの皇太子として後伏見の子量仁（のちの光厳天皇）が立つことになっていた。両統の迭立《てつりつ》がまえもって決められていたのである。持明院統の即位は「次の次」までということになるから、後伏見上皇にとって憤懣やるかたなしであるのはもちろんだが、じつは後醍醐にもこの取り決めははなはだ面白くなかった。

もともと後宇多上皇は後醍醐天皇のあと、大覚寺統の嫡流邦良に皇位を継承させたいと考えていた。だから後二条なきあと、後宇多は後醍醐にあてた譲状でこの事を明言し、後醍醐の願望をつよく牽制していた。大覚寺統の所領・寺堂・和漢の書籍いっさいを尊治(後醍醐)に譲るが、在位終了のあとはことごとく邦良に譲らねばならない、尊治の子孫に賢明で才あるものがあれば、しばらくは邦良とその子孫を補佐せよ、後醍醐がおのれの子孫に皇位を継がせたいと望むような「僭乱《せんらん》の私曲」があってはならないとクギを刺し、邦良を実子とおもって保護せよと命じたのだった(鎌遺三〇・二三三六九号、村井章介:二〇〇三年)。

これでは後醍醐天皇は、大覚寺統後二条流へのつなぎであって、そのあとは持明院統へ皇位を持っていかれるから、自分の子孫が即位する可能性は永久になくなる。そのうえ後宇多上皇は上皇の近臣の任官について、後醍醐の親政にくちばしを突っ込んでくる。後醍醐は後宇多にたいし、腹にすえかねたにちがいない。そしてさらに大覚寺統の正統たる後二条流邦良派が、かれに早期の譲位をせまった。後宇多が没して、ときの皇太子邦良側近の人びとと天皇との間には、よそよそしい空気が漂い、ついには邦良派グループが関東に使節をつかわし、天位をあらそうまでにいたった。そうして天皇と皇太子はかくじつに険悪になっていった。

天皇在位の期間は一〇年を目安としていたから、譲位をせまる後二条流邦良派と持明院統をおさえこむには、そのあいだ（一三一八年〈文保二〉―一三二八年〈嘉暦三〉）にしなければならない。おそらく後醍醐天皇がこのことを決意したのは、かれが即位したときだったろうと考えられている（村井章介：二〇〇三年）。けっきょく長年の持明院統との抗争にけりをつけ、かつまた後二条流邦良派の策動をつぶすには、両統迭立の原則とポスト後醍醐の既定方針をうしろから支えている、鎌倉幕府そのものを打倒しなければならない。この想いは天皇親政への意欲とともに、後醍醐のなかでは強くなる一方で、よわまることはなかった。

天皇親政は天皇自身が意志をもって遂行する政治のしかたをいう。宮廷の儀式は気が遠くなるほど退屈で、先例ばかりに縛られており、そのなかでは唯一といってよい、おのれを実現する政治行為が天皇親政であった。自信家の後醍醐天皇であれば、親政を通じて思う存分に政治に励みたくもなろう。*とすれば、怠惰と惰性の産物としかおもえぬ取り決め（両統迭立のルール）と、これを維持しようとする幕府などは邪魔なだけである。政治に意欲的であればあるほど、邪魔なものを排除したくおもう気持ちは昂ずるいっぽうで、またおのれ自身の権力を実現し、これを絶対化したいという欲望はふくらむばかりであった。

＊　親政の開始で設置された記録所で、かれは早朝から深夜に到るまで政務にはげみ、民の憂いに耳をかたむけた（神皇正統記、太平記巻第一「関所停止事」）。天下の飢饉にあたっては、市を立てて商人の米を吐き出させ、人民を餓死の難からすくい、乞人を憐れんで五条河原に非人屋をたて、雨露をしのがせた（歯《は》長寺縁起《ながでら》、太平記）。また諸関の通行料（舛米《しょうまい》）徴収を停止して自由な物資輸送をおこなわせ、海上交通では兵庫関の通行料（目銭《もくせん》）徴収をやめて、スムーズな船舶の航行をはかったという（中村直勝：一九二七年）。

しかし当時の朝廷の政治がどの程度の範囲にまでゆきわたっていたかは疑問である。京都洛中に米の強制販売を実施した同じ年、比叡辻・戸津の商人（日吉山王神人《さんのうじにん》か）が坂本に着岸しようとする米穀船を追いかえし、世間（洛中）の飢渇の秘策（米価の高値を維持する秘策）を致したときには、憤った延暦寺が「超過の狼藉にして言語道断」である商人を重科に処し、公人《くにん》どもに住宅を破却させた。京都の米相場は叡山の公定価格に従うべきであるとし、雅意に任せて延暦寺大衆の命にそむくことを厳禁した（含英集抜萃、史料編纂所本、角川版太平記所収）。洛中における後醍醐の施策も、比叡山の協力があって初めて実効性をあげえたのではないか。

討幕への思想

後醍醐天皇は儒教宋学《じゅきょうそうがく》の学問をことのほか好んだ。老子の一節に「仁義は大道の廃《すたれ》たる処《ところ》に出《い》で、学教は大偽の起こるときに盛んなり」（天地自然の理法である道が行われなくなると、仁義の道が必要となり、学問教育はごまかしが行われるときに盛んになる）というのがある。たしかに道義がすたれ欺瞞偽りがはびこる時代ほど、ひとは真理を求め、おのれの生き方を模索する。だがしかし、学問のなにをどう学ぶかということになると、ひとによって志す方向は必ずしも同じではない。

おおきくは二つの方向に分かれよう。ひとつは花園天皇のように、ひたすら「古先の聖賢の行迹《ぎょうせき》」にならい、誠実に身を修めようとする方向である（花園院宸記元応元年九月十八日条、同十月二十六日条）。そしてもう一つは現状打破を志向し、特定の学問を政治学として役立てる方向である。この方向には政道を会得するより、既存政治のあり方を突き破る攻撃的な傾向がある。* 後醍醐天皇の儒教宋学の学問にはこうした方向があった。

このため花園が「主上ことに中庸《ちゅうよう》の道を学ばしめたもう、政道は淳素《じゅんそ》に帰すべし」と、後醍醐の儒教学問に賛意をあらわし（花園院宸記元亨二年二月十二日条）、あるいは気鋭の天皇側近日野《ひの》資朝《すけとも》と時の過ぎるのをわすれて、儒教について対話をし、「いまの政道は正理にかなう」と、後醍醐の政治にたいして、期待に胸ふくらませたが（花園・元亨二年二月十八日条）、かれらの学問の方向の先にあるものは、そのような期待のできるものではなかった。両統迭立をルール化した旧来の貴族社会を破壊し、さらにはその旧来型貴族社会を支える幕府を、あわせて討滅することが、後醍醐らの学問の先にあるものであった。

ところで宮中で熱心に講ぜられた宋学といわれる学問は、どのような内容のものであったのか。その特徴をみると、まず争乱の根源である武人の跋扈をおさえる文治政治を基本とする。官吏の皇帝にたいする絶対忠誠を確保する。皇帝は政府諸機関を直接に支配し、皇帝権力を掣肘《せいちゅう》する実力者の出現を防止する。また地方の州・県の下部にまでおよぶ徹底した中央集権の体制を説いていた（佐藤進一：一九六五年）。これはまさに後醍醐のおかれた状況からみれば、願ってもない政治理論であった。かれはこれを学習することによって、ますます政治と軍事についての思想を先鋭化させ、討幕挙兵へと驀進したのであった。

＊　山路愛山は名著『足利尊氏』（玄黄社、一九〇八年）にて、「詩歌を学び、風月を詠じたる月卿雲客《げっけいうんかく》の学問、一転して禅学の自己中心主義となり、更に一転して程朱（程顥《ていこう》・程頤《ていい》と朱熹《しゅき》）の新注を読み、資治通《しじつ》鑑《がん》（中国北宋の司馬光が編纂した歴史書）を読むに至っては学問も亦革命の風雲を捲き起こすべき原動力とならざるを得ず」と指摘する。一般論としては妥当であるが、しかし個別ケースにあてはめてみると、それは学ぶ側の人間の性向による。程朱の思想や資治通鑑は、花園上皇もこれを学び、あるいは熱心に読んだが、花園はそれをとおして討幕の革命に向かうのではなく、あくまでも自己の修養へむかった。

逸脱する情念、無礼講

現状打破のおもいが先鋭化すれば、ふるびた権威と秩序はカビの生えた縄墨《じょうぼく》にもひとしく、ひとはそうしたものへの軽侮と破壊の情念をつのらせる。それは敵を覆滅する超常的なパワーをわがものにして、これを発動する神秘主義的な行動となって顕れることがある。後醍醐天皇がことのほか真言密教に傾倒し、邪法をあやつる文観《もんかん》など、異端の宗教者を政治参謀としたのはこのような顕れと考えてよい。文観らは宮中に炉壇をかまえ、護摩《ごま》の黒煙を上げて振鈴《しんれい》をひびかせ、悪魔の形相で鎌倉転覆を祈った。天皇自身が呪法の勤行《ごんぎょう》にはげんだことは怪しむにたらない。

隠岐に配流《はいる》されたときも後醍醐はさかんに祈禱をし、げっそりするほど体力を消耗している（増鏡第二十「月草の花」）。また船上山《せんじょうせん》に籠ったときも、京都朝廷の修法に対抗するように、炉壇をかまえ金輪法《こんりんほう》の祈禱に肝胆《かんたん》をくだいた（太平記巻第八「主上自令修金輪法給事付千種殿京合戦事」）。

そしてもうひとつ、この情念は秩序の支柱である「道徳」と理性にたいし、はげしい侮蔑の行動をとらせる。「道徳」の蹂躙をとおして、それが支える秩序そのものを突き破ろうとする。討幕グループがみせた無礼講《ぶれいこう》という逸脱の行動は、こうした情念から噴き出したものといってよい。花園上皇の日記によると、正中の陰謀が露見し失敗するまえ、日野《ひの》資朝《すけとも》・俊基《としもと》らがさかんに結集会合していた（花園院宸記元亨四年十一月朔日条）。そのありさ

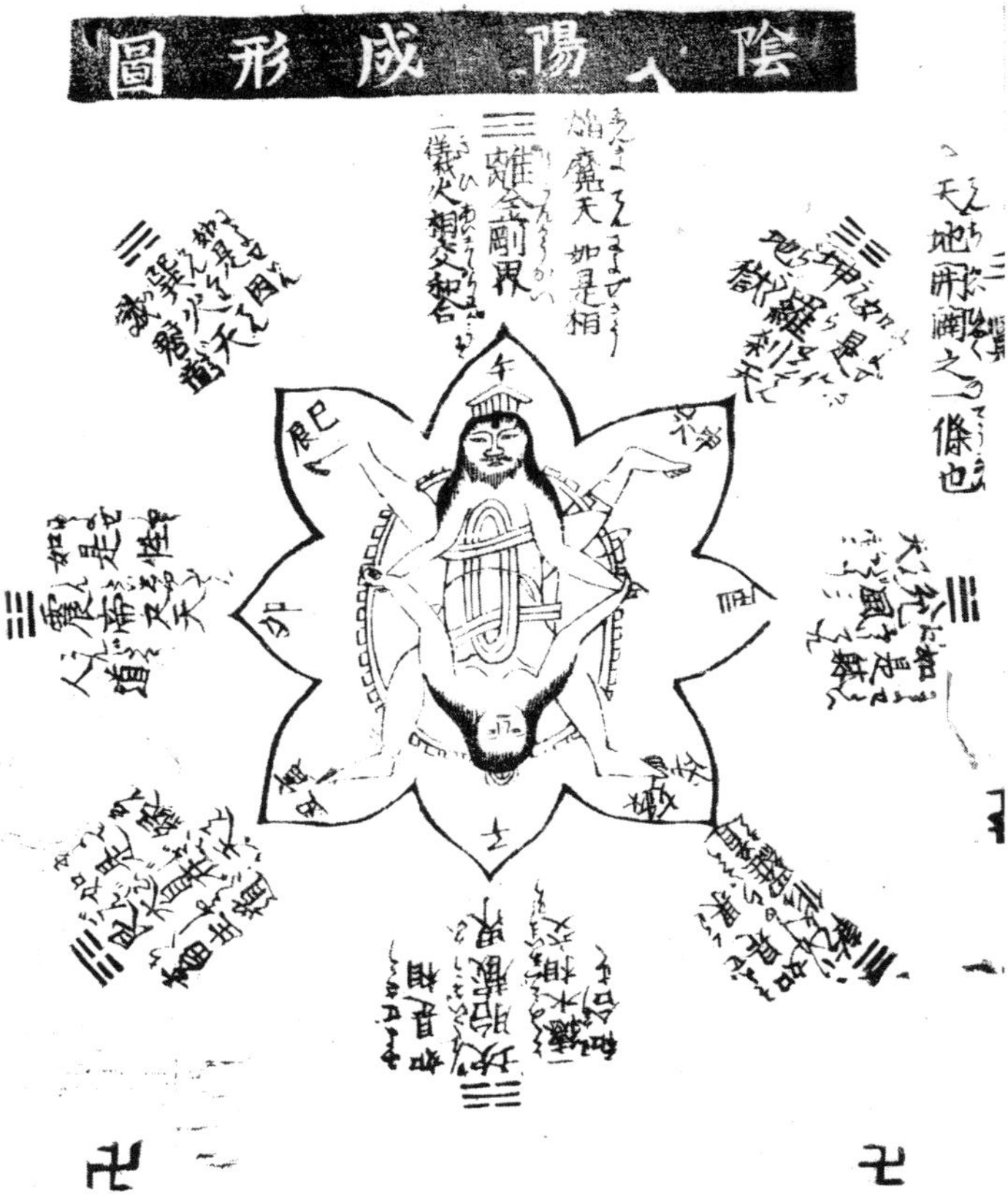

図3　真言立川流『三界一心記』部分

真言立川流は陰陽二道と真言密教をくみあわせ、男女交合をもって即身成仏の秘術とした。上の図はそのすがたを曼荼羅として図化したものである。エンゲルス『ドイツ農民戦争』では、中世の反権力運動は宗教面では異端となってあらわれるというが、それとは違うようだ。真言立川流は王家と結合したところに特異な歴史性があった。

まは尋常ではない。
或いは衣冠《いかん》を着せず、ほとんど裸形《らぎょう》、飲茶の会あり、是れ達士《たつし》（物事に通じた人）の風を学ぶか、嵆康《けいこう》（竹林七賢の一人）の蓬頭散帯《ほうとうさんたい》、達士先賢《せんけん》、なおその毀教《ききょう》の譏《とがめ》を免れず、何ぞ況《いわん》やいまだ高士の風に達せず、ひとえに嗜欲《しよく》の志を縦《ほしいまま》にし、濫《みだ》りに方外《ほうがい》（人の守るべきおきての外にあること）の名を称す、（中略）世にこれを無礼講或は破仏講と称す、の衆と称すと云々、

それは「乱遊」ともいうべきで、衣冠をつけずほとんど裸形であった。『太平記』の情景はもっとくわしく生々しい（巻第一「無礼講事付玄恵文談事」）。参加者は尹大納言師賢《いんのだいなごんもろかた》、四条隆資《たかすけ》、洞院実世《とういんさねよ》、日野俊基、伊達三位房游雅《ゆうが》、聖護院庁法眼玄基《げんき》、足助重成《あすけしげなり》、多治見《たじみ》国長《くになが》などであった。酒を注ぐ順序は身分の上下おかまいなし、男は烏帽子《えぼし》を脱いで髻《もとどり》を放ち、法師は衣を着ず白衣になって、若い女の見目かたちの好《よ》きもの二〇人ばかりを、雪のような膚《はだ》が透き通る「編《すずし》の単《ひとえ》へばかり」を着せて酌をとらせた。料理は山海の珍味を尽くし、うまい酒は泉のように用意されていた。

男は烏帽子をつけず法師も下着の白衣だけだったというのは、花園上皇の日記にある記述「或いは衣冠を着せず、ほとんど裸形」という姿に符合する。そして男たちの姿をもう

少し詳しくみると、かれらは烏帽子を脱いだうえに、髻を放っていたという。この放つというのは髻を解くことであるから、この場の男はみなが「大童《おおわらわ》」、つまり乱髪になったということだ。髻を結いこれを烏帽子で包むのは、乱髪の童子（牛飼いなど）・非人からおのれを区別し、一人前の男（身分のある男）であることをあらわす。

無礼講の参加者が烏帽子を脱いだうえに、寝るときも結っている髻を解き放つのは、法服をまとわない僧とおなじく身分を無化し、さらにいえばこの世の秩序を消し去る象徴でもあった。乱髪は童子・非人の恰好であるだけでなく、冥界《めいかい》の姿（死人）とも考えられていた（関幸彦：一九九四年）。髪を振り乱して酒を酌み交わし、女とたわむれる情景はいかにも怪しく異様であり、それが秩序破壊の情念から発していたことは容易に推察できよう。

怪しく異様な非日常世界は、討幕派の人びとが内に込めた逸脱の情念を、一挙に解放する空間であった。そしてじつはそうした空間が、討幕戦力としての武士を一本釣りするのに最適のところだった。「大童」で髪をふり乱し、裸形のような恰好をみながして、狂態を演ずる秘密パーティーの無礼講、そこに参加したものは、だれもが外には出せない「道徳」破壊の「悪」を共有してしまう。素朴で秩序意識の強いまじめな武士ほど、逆にその秩序意識に邪魔されて、こんどはおもての日常（既存の体制）にもどることができなくなる。

京・鎌倉の軋轢

討幕計画の露見

後醍醐天皇が即位して六年目の正中元年（一三二四）九月十九日、まだ明けやらぬ京都の街に阿鼻叫喚がひびきわたった。後醍醐の討幕陰謀が露見し、これにかかわる武士が六波羅探題によって討たれたのである（正中の変）。この日六波羅の軍兵は美濃国住人土岐頼《ときより》兼《かね》と多治見国長《たじみくになが》というものを襲った。二人は討幕派の組織メンバーで、かねて天皇に召されて入京し四条あたりの人家にかくれていたが（『太平記』によれば多治見は錦小路高倉に、土岐は三条堀川の地に宿館を置いていた—図4参照）、「告げしらする者ありければ」（増鏡第十七「春のわかれ」）六波羅探題は、在京人と四八ヵ所の篝屋《かがりや》武士をいそぎ召し集め、そのまま土岐と多治見の隠れ家を急襲して誅殺した。*

「告げ知らする者」とは殺された土岐頼兼の、一族にあたる土岐頼員《よりかず》であった。頼員は日ごろ禁裏から親しくされ仲間に引き込まれていたが、ことならずして他人の口から露顕するのを恐れ、自分から六波羅に出頭したのだ。頼員の供述によれば、討幕派の組織メンバー多治見国長（多治見は無礼講にも参加していた）は、頼員にむかってつぎのことをいったという。

日野資朝さまは関東が政治をとるべきではない、といっている。また資朝さまは、関東の運は衰え、朝廷の威力はなはだ盛んだから、かれら関東のものは我が方の力にかなうものか、すでにわたし（資朝）は綸言《りんげん》あるいは直接のおことばをもって、討幕の旨を帝から承っている、といっている、（花園院宸記正中元年九月十九日条）

また資朝は多治見にこうもいったという。

来たる九月二十九日には北野祭があるが、この祭礼には喧嘩がつきものだ、喧嘩が起これば武士は現場へはせ向かうから、その隙をついて留守になった六波羅を襲い北方《きたがた》探題《たんだい》北条範貞《のりさだ》を殺す、そのあとは南都北嶺の僧兵に命じて、関東から京都にはいる口、宇治・勢多をかためる……、（花園院宸記正中元年九月十九日条）

かねてより日野資朝、俊基は姿を山伏に変え、さかんに「田舎ありき」をしていた（増鏡第十七「春のわかれ」）。『太平記』は俊基が大和河内に足をはこび、城郭になる処をみて歩き、きたるべき戦争にそなえ、東国・西国にくだっては、土地の風俗や武士の財力を窺いみたとつたえている。財力のある武士・有徳人《うとくにん》（富裕者）を仲間に引きいれれば、その者がスポンサーになって大きな戦力をつくり出すことができるわけだ。おそらく廷臣が宮中から抜け出して「田舎ありき」をし、討幕のための政治・軍事工作をしていたのは事実だろう。資朝が関東にまで下って鎌倉の動静をうかがったのも本当とみてよい（増鏡第十七「春のわかれ」）。

だから「御門《みかど》（帝）世をみだり給はんとて」武士どもを召したのは、それなりの下準備があってのことであったと考えられる。おそらくそのさい「近国の武士ら多く召さるべし」と、多数の兵力を動員し、挙兵するはずであった（増鏡第十七「春のわかれ」）。しかしこの時点ではまだ、のちに軍事的コアとなる楠木正成と、後醍醐天皇はつながっておらず、固い軍事力は創出されていなかった。そのうえどうやら六波羅の方が、朝廷の動きを探る諜報網は充実していたようで、無礼講のメンバーは一人残らず探知されていた。

（無礼講参加メンバーには）緇素《しそ》（僧と俗人）が数多におよび、その人数は一紙に載せ、

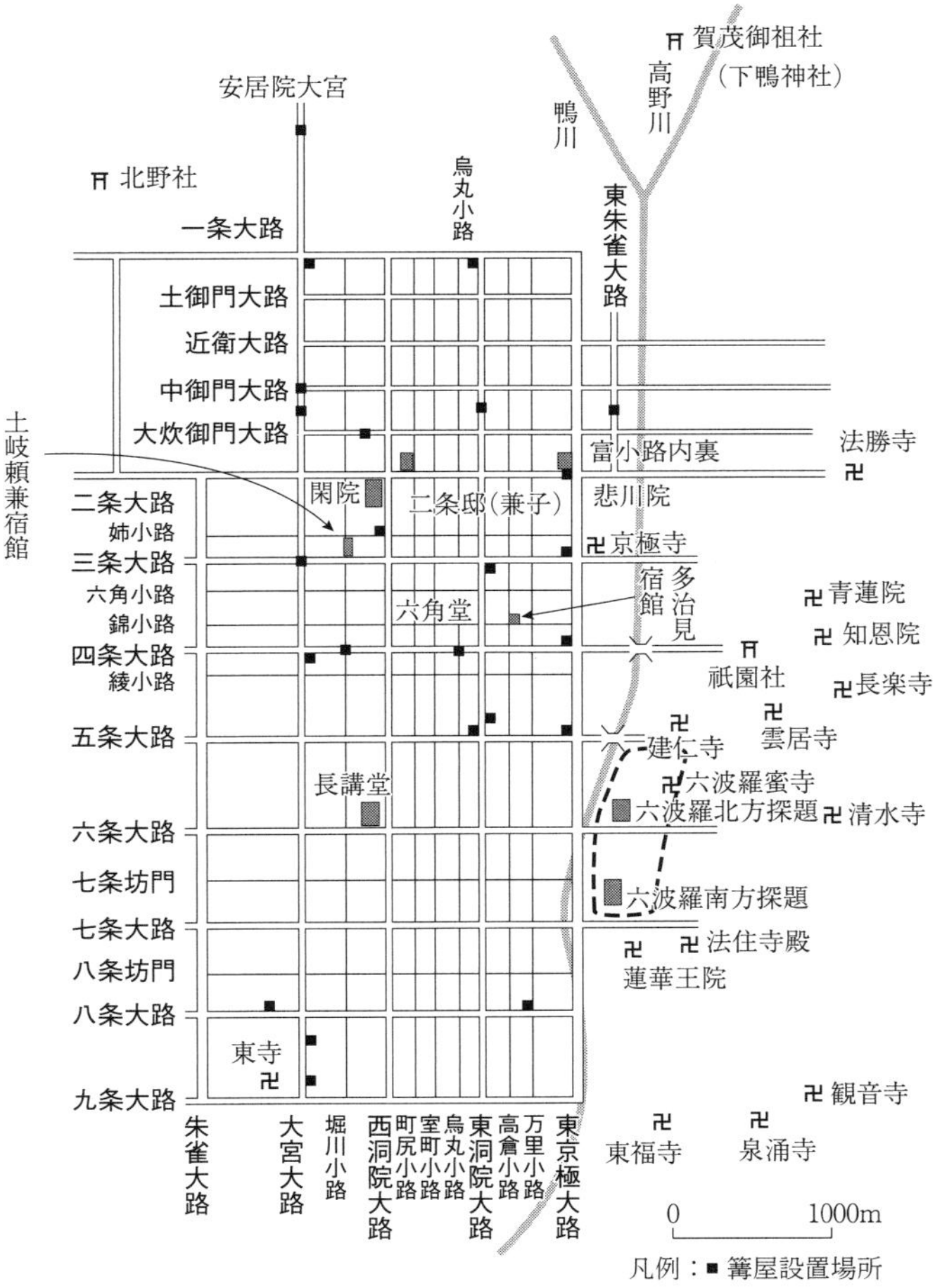

図4　鎌倉時代の洛中要図

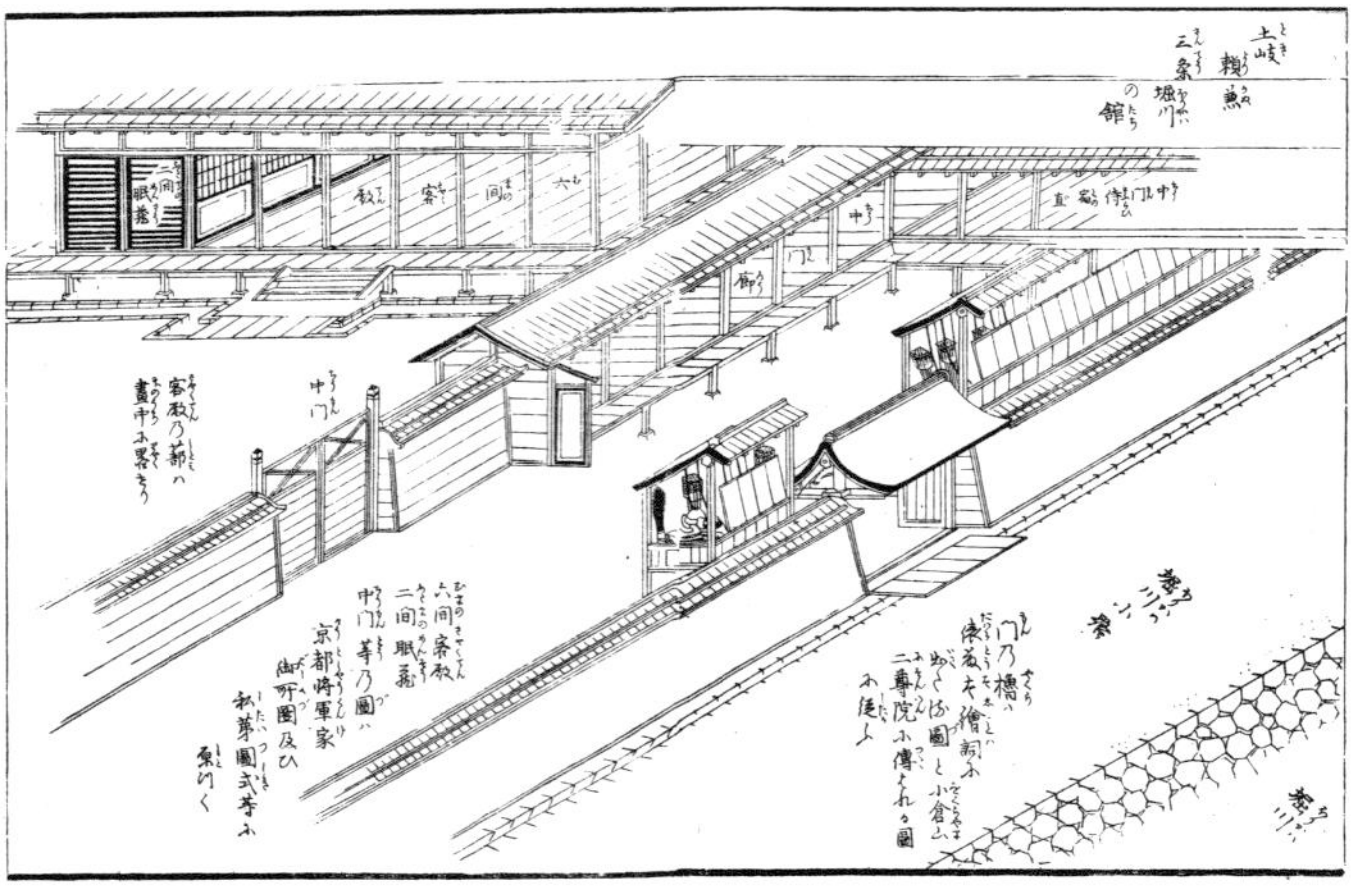

図５　土岐頼兼三条堀川の宿館（先進繡像玉石雑誌巻第四）
江戸の故実家栗原信光（柳庵）が各種住宅図から考証し復元したものである。

去ぬる比《ころ》六波羅に落とす、或る云う、祐雅（游雅）法師みずから筆を染めてこれを書く、此のうちに或いは高貴の人ありと云々、
（花園院宸記元亨四年十一月朔日条）

この記事によれば、祐雅はスパイであったようで、無礼講に参加した僧俗のすべてを一枚の紙に書き、雨落書として六波羅の門前に落とした。この記載メンバーには「高貴の人」がはいっていたともいう。後醍醐天皇のことである。また智暁《ちぎょう》という僧が朝夕禁裏に入りびたり、そうかとおもえば武家にも出入りしていたから、かれからこのたびの挙兵計画が漏れた、ともいわれている。いずれにせよ、事件直後この両人（祐雅・智暁）は

六波羅に捕縛されず関東には下っていない（十月二十二日になって祐雅が、さらに十一月になって智暁が関東から召喚されて下っている）。

＊　現場の指揮にあたったのは六波羅北方探題北条範貞の被官人小串範行《おぐしのりゆき》と山本九郎時綱《ときつな》であった。討たれた土岐氏一族は美濃源氏正統の名門で、頼兼の父頼貞《よりさだ》は歌人にして弓馬の上手《じょうず》、職位は美濃国守護にして伯耆守《ほうきのかみ》の官名を冠していた。母は北条貞時の娘であって（尊卑《そんぴ》分脈《ぶんみゃく》）、北条得宗家《とくそうけ》と深く結び付いて勢力をのばしていた。とうぜん鎌倉には将軍御所出仕のため宿所をおいていたが、陰謀露見の早馬が京都から鎌倉に到着すると、ただちに幕府の軍勢が宿所のある唐笠辻子《からかさずし》に押し寄せた。このとき頼貞は在国していたため難をのがれた。だが、留守のものが一人二人召し捕えられている（鎌遺三七・二八八三五号）。伊《い》賀兼光《がかねみつ》のような六波羅探題の大物が、ひそかに討幕派メンバーとなっていたことからも窺われるように、後醍醐派は幕府権力内部の枢機にかかわる上級武士をねらって工作していたと思われる。

事件後の後醍醐天皇と鎌倉

ともあれ計画は陰謀として露見した。資朝と俊基は拘禁された。狼狽したのは後醍醐天皇であった。土岐と多治見の誅殺の報告を受けた後醍醐天皇は返答のことばもしどろで、前後のつじつまが合わない始末であった。しかし土岐・多治見は家子郎党《いえのころうどう》一人も残らず死んでいるから、六波羅はなんらの供述も取れないはずだ、そう考えて気をもちなおした天皇は、身の潔白をはかるため告文を鎌倉へ差し出した。

その中身は後醍醐天皇の立場からすれば奇妙なものであった。関東は「戎夷《じゅうい》」（辺界未開の野蛮人）であるから、天下を我がものとするのはけしからん、国土のはてまで、民はみな天皇の重恩をこうむっているのであって、このたびの事件を「聖主の謀反」とは称すべきではない、といい、げんに日野資朝、俊基らが鎌倉で取り調べをうけているのに、「陰謀の輩あれば、法にまかせて尋沙汰《たずねざた》すべし」と書いたのである。しかもその体裁は詔《みことのり》（漢文体の詔書か）でも宣《せん》（和文体の宣命か）でもなく、宋朝の文章のようであった。内容としても体裁においても、ともにもって宋学の大義名分を宣揚しようとしたのだろうか。

花園上皇はこれについて、おのれを誅伐せよとの命令のようなものだ、世間は怖れおののく以外にはない、「君臣皆是狂人か、言詞の及ぶところにあらず」とあきれはてた（花園院宸記元亨四年十一月十四日条）。こののち、翌正中二年（一三二五）には後醍醐はもちろん、資朝・俊基についても、幕府は陰謀のことはなかったと決定した。しかし帰洛がきまったのは俊基だけで、資朝については佐渡に配流《はいる》し、祐雅は追放となっているから、じっさいには非常にはっきりしない決着であった。北条氏内管領《ないかんれい》（得宗家の執事）の長崎円喜《えんき》は、資朝にたいする心証はまっ黒だというし、京都公家のなかでも「もっとも驚くべきか」の声がささやかれていた(花園院宸記正中二年閏正月七日・二月九日条)。

それにしてもこの事件にたいし、鎌倉幕府はなぜこのように曖昧で緩い決着をしたのだろうか。まず考えられるのは、いずれ幕府は近いうちに後醍醐天皇に譲位をすすめる(持明院統の後伏見上皇ならびに、後二条流邦良派がさかんにこのための運動をし、これに同調する動きが鎌倉にはあった。これを知った後醍醐は大いに激怒したという。田中義成:一九二二年)。後醍醐が退位して親政ができなくなれば、宮中・畿内(公家・武家の中)での求心力はなくなるから、いまかれを処罰してことを荒だてずともよい、と考えたのかもしれない。

しかし一度動き出した討幕のマグマは天皇の親政から離れたところで、膨張しつづけている。運動の目的が旧慣破壊・現状打破であれば、従来型の貴族制度から後醍醐天皇を外したところで意味はない。後醍醐自身が従来型の貴族制度をぶっ潰す気でいるのである。そんなことは北条氏自身のじゅうぶん知るところであったろう。幕府の立場にたって結論をいえば、ここは幕府の安危にかかわる以上、徹底的に事実を究明すべきであった。しかしそれができなかった。できないほどの無気力に鎌倉幕府はおちいっていたのである。

鎌倉の無気力と腐敗

後醍醐天皇が親政を開始したとき、鎌倉幕府の最高権力者は北条高時《たかとき》であった。ときに十九歳である。この年齢であればかれは心身ともに充実し気力がみなぎっているはずであるが、じっさいにはその逆であった。内管領長崎円喜と高時の舅秋田城介時顕《あきたじようのすけときあき》の庇護のもと、かれは政治運営を主導するはずであったが、とても政務に耐えうるだけ心も体も健康ではなかった。

文保元年（一三一三）京都では即位の順序をめぐって、持明院・大覚寺両統がもめており、高時は将来にわたる鎌倉権力安定のために、この紛乱の解決策を考えねばならぬ重要な局面にたっていた。が、それにもかかわらず「頗《すこぶる》亡気ノ躰《てい》ニテ将軍家ノ執権モ難叶《かないがた》カリケリ」といった状態であった（保暦間記）。それでいて田楽《でんがく》や闘犬は大好きで、こうした遊びには異常なほど熱心だった。北条氏のなかの心あるものは、京都六波羅への手紙で「田楽の外他事《ほかたじ》なく候」と苦々しさを滲《にじ》ませたが、これといった打つ手もなく、かれの田楽闘犬狂いはとどまることがなかった。

高時は新座《しんざ》・本座《ほんざ》の田楽を畿内から呼びくだし、田楽法師一人ずつを主だった大名に預けおき、宴にのぞんでは金銀珠玉、綾羅錦繍《りようらきんしゆう》でかざり、一曲奏すれば高時はじめ、一族大名はきそって衣服財宝を投げ与え、その冗費散財は莫大であったという（太平記巻第五「相模入道弄田楽并闘犬事」）。『増鏡』はこうした高時の嗜好と浪費を「犬喰い田楽などを愛しける」と表現している。「犬喰い」のため闘犬を飼養するのに、御家人には過重な負担を懸けたらしく、大和国では数少ない御家人であったとおもわれる越智《おち》氏は、これがもとで六波羅に反抗し討滅された。その追討使が楠木正成であったことはあとで述べる。

余談ではあるが、高時にとりいった田楽の菊石法師は「関東御文《おふみ》」（吹挙状《すいきょじょう》）を高時からもらい、これをつかって東大寺手掻会《てがいえ》（寺内八幡宮の祭礼）の演者の列に、うまい具合に割り込んだ（能勢朝次：一九三八年、一五〇二頁）。これは高時が自分の気に入りというだけで、無能非器の輩に「関東御吹挙」の肩入れをし、芸の優劣をもって維持されてきた中世芸能民の秩序を破壊していたことをものがたり、また高時の田楽好きが、芸能民の舞台裏にかかわるほどであったことをも伝えている。

（前略）当社（東大寺八幡宮）祭礼の田楽人数は幾ばくならざるの間、往古より芸能の輩を精撰し人数に召し加えるは先例に候、しかれば芸能の仁が相争《あいあらそ》うときは、その勝劣を比《くら》べ、勝《まさ》れるにつけて召し加えるの条、定めたる事にて候、しかるに近年、無能非器の輩が、権門の御事を帯し、みだりに非分の競望《けいもう》を達するの間、厳重無双の会式も、田楽一道においては、大略もってなきが如し、（中略）去年菊石法師は、関東の御文を帯し、縦横の秘計をめぐらす由、□無能の法師に候の間、難儀極まりなきによ

り、左右《そう》なく許諾の道に及ばずといえども、関東の御吹挙黙止《もだ》しがたきにより、ついにもってこれに召し加え了《おわんぬ》、

さて長崎円喜が老耄《ろうもう》ゆえに息子の高資《たかすけ》に内管領をゆずると、鎌倉の権力内部はまったくタガが外れたように規律が弛緩していった。長崎高資という人物はもともと天下の政道について哲学がなく、したがって自己をきびしく律し行動することができなかった。結果、高時の虚《うつ》けをよいことに、政務を好き勝手にしたから、人びとの嘆きは積もるいっぽうで、関東の御家人たちからは「深《ふか》ウトマレ」たという(保暦間記)。

高時が元弘三年(一三三三)三十一歳で滅びるまで、幕府の指導部は右のようなありさまで、支配力は衰退の一途をたどった。滅んだものへの評価は、結果からの評価になりやすく、そのぶん公平を欠くこともあるから、慎重でなければならない。しかしそう配慮しても、鎌倉は滅亡すべくして滅亡した、としかいいようがない。高時が田楽・闘犬狂いして、それを庶民までもが眉をひそめていたのは事実である。鎌倉の権力者にはすでに社会の矛盾に目を向けようとする真面目さはない。とうぜん問題を解決しようとする政策はないし、かりにそれがあったとしても、やりきるだけの信念がなかった。かれらの気力と能力は、京都の攻撃的なそれらと比べて、まったく劣っていたというべきである。

津軽のトゲ、安東氏の乱

そのことを露呈したのが東北津軽地方に起きた安東《あんどう》氏の反乱的合戦であった。戦乱は文保二年（一三一八）五月「蝦夷《えみし》すでに静謐《せいひつ》」するといわれているから、それ以前にすでに起きていたらしい（鎌遺三四・二六六八〇号）。そしてこれが実際には「静謐」してはおらず、元亨二年（一三二二）鎌倉を揺るがす大事件となって爆発する。

この年の春、津軽の大名で従父兄弟の関係にある安東五郎季久《すえひさ》と又五郎季長《すえなが》が、どちらが嫡流で、どちらが庶流かという争いから合戦をはじめた。事態を憂慮する幕府は両人を鎌倉に出廷させたが、そのさい幕府有力者（得宗内管領）長崎高資は、有利な裁決を得ようとする両方から賄賂をうけとり、両方に都合のよい下知《げち》をくだした（保暦間記）。とうぜん現地津軽ではそうした下知がもとで、以前にもました激しい衝突がおき、留守の士卒（家子・郎党）はたがいに蝦夷を催し城郭をかまえ激戦となった（諏訪大明神絵詞）。

関東はこれを放置もできず、戦乱鎮圧の軍勢をたびたび東北へ派遣した。だが、年をかさねるばかりで一向に事態は沈静しない。兇徒はいよいよさかんで、ために嘉暦元年（一三二六）三月工藤祐貞《すけさだ》が征伐に下向《げこう》し、七月季長を捕虜にして鎌倉に帰参した。しかしそれでも津軽地方は静かにならず、翌二年三月こんどは宇都宮高貞《たかさだ》、小田高知《たかとも》が蝦夷追討使として下向し、翌三年十月やっと和談に持ち込み合戦の終結をみた（北条九代記）。ここにいたるまでに、宇都宮の家人紀清《きせい》両党の輩は多く命を落としたという（諏訪大明神絵詞）。

もともと安東氏は北条得宗家の被官として、広大な津軽地方の北条氏領を預かり管理し、また現地の蝦夷を管領する地位を与えられていた。西日本の各地に土木築堤《ちくてい》・流通海運などの事業を展開し、借上《かしあげ》で利殖をはかった資本家（工業生産を基礎としない点で近代資本家と異なる、前期的資本）の得宗被官人に安東蓮聖《れんせい》というものがいる。かれが津軽安東氏の一族であるとすれば、一族の勢力と活動力の大きさは相当のものであったことになる。それだけに蝦夷をまきこむ安東氏の反乱的合戦は、北条得宗家の内部に甚大な打撃を与え、その打撃は鎌倉幕府の全支配機構にボディーブローのように効いていった。

得宗内管領長崎高資のような裁判を腐らせるものがあらわれ、しかもそのような者によって生じた混乱を収拾することができないとなれば、北条氏と幕府支配機構にたいする御家人の信頼は、確実に消えていったはずである。

承久三年ヨリ以来、関東ノ下知スル事、少《すこし》モ背事《そむくこと》ナカリキ、賤者マデモ御教書《みぎようしよ》ヲ帯スルコトヲ軽《かろん》シムル事憚《はばかり》シニ、高資、政道不道ニ行フニヨリ、武威モ軽ク成《なり》、世モ乱

レソメテ、人モ背始《そむきはじめ》シ基《もとい》ナリケリ、（保暦間記）

全般的危機がやってきた

元弘の戦乱前夜の世相はなにか薄暗いものに覆われていた。天変地異は人びとに底知れぬ恐怖をあたえていた。永仁元年（一二九三）、文保元年（一三一七）、元亨三年（一三二三）と鎌倉・京都で交互に地震がおき、それは後醍醐天皇の討幕陰謀が露見して間もない正中二年（一三二五）十月二十一日、ついに大地震となって京洛を襲った。その揺れはやや久しくして小動となったが、真夜中に二度も大きく揺れ、その後十二月にいたるまで連日のように地面は揺れた。『太平記』（巻第二「天下怪異事」）の記事にある、紀伊国千里浜《せんりはま》の遠《とお》干潟《ひがた》が二キロにわたって陸地となり、富士山の頂上部が千数百メートルにわたり崩落したのはこのときであろう。

この地震が起こるまえ正中二年の六月には都には雷鳴がとどろき、大豪雨が住民をおそっている。この雨で比叡山無動寺の堂舎一七宇が流失し、坂本の人家は数知れず濁流にのまれ、翌日泥土の中から掘り出された死人は五〇〇人にもおよんだ。また白川も氾濫して住民の家屋はみな流され、ここでも数多の死者がでた。さらに元亨元年（一三二一）と嘉暦四年（一三二九）には炎旱はなはだしく、「大旱《たいかん》、地を枯らして、甸服《でんぷく》の外百里の間（都の周辺)、空しく赤土《せきど》のみ有て、青苗《せいびょう》無し、餓莩《がひょう》(餓死した人)野《や》に満ちて、飢人《きにん》地に倒る」というありさまだった(太平記巻第一「関所停止事」)。

地震、洪水、炎旱、飢饉のうえに、元徳元年(一三二九)と二年と、「しはぶきやみ」という咳の病(インフルエンザか)が猛威をふるい「人おほくにはかやみ」をしてつぎつぎと命を落とした。とくに伏見院の母、邦良の母、近衛経平の大北政所などの高齢者がうち続いて死去し、都のここかしこで仏事が営まれていた(増鏡第十八「むら時雨」)。英邁で後醍醐天皇の期待を一身にうけてきた世良《よよし》親王も、この病に倒れ「いとあへなく」死去した。洛中の一般住民についてはなにも記録はないが、おそらく辻々のお堂などに病人があふれ、河原には死人の山ができていたろう。

こうした災厄には陰陽師《おんみょうじ》などによって、さまざまな解釈と意味づけがなされ、それがさらなる恐怖をよんだ。正中二年の地震のさなか、宮中天文博士による内々の占文《せんもん》は「兵乱」「兵革」を予言していた。上空では連夜大流星があやしく光りをはなち飛んでいた。ひとはこの地震や星の異変に兵革の兆しをみて怖れおののいたのである。なぜそれほど「兵革」、戦争を予感するかといえば、鎌倉末期の世相にはそれだけの不安があったからである。比叡山の僧兵や神人・悪党どもは、寺の内外で戦闘にあけくれている。

お堂に閉籠する武装の徒は、覆面して顔を隠し、穴をあけて目ばかりを出すといったいでたちで狂声をあげていた。その「異形《いぎよう》なるけしき」はまるでこの世の人ともおもえなかった（日吉社并叡山行幸記）。「濁世末代《じよくせ》にいたるといふ共、まのあたり山門のなり行《ゆき》、ありさま、言語すでに絶えにけり」といった状態であった。正和三年（一三一四）日吉神人《ひえじにん》が六波羅と、祭礼の課役をめぐって衝突したときは、たちまち武士が駆けつけて、見物の法師を「なんじは宮仕か、をのれは田楽か」と斬りまくり、「死人社頭（祇園社か）にみちて、血のかゝらぬ所も」ないありさまとなった。

激高した山門僧兵は、六波羅に押し寄せようとし、鴨川東岸には篝屋《かがりや》武士・在京人がはせ集まって、探題屋敷の築地塀《ついじべい》のうえに楯をならべて砦のようにし、門戸をかたく閉じてものものしい警戒態勢をしいた（武家年代記裏書、日吉社并叡山行幸記）。洛中は酸鼻な合戦のちまたと化そうとしていた。一歩京都から外に出れば、治安の乱れはさらにひどい状態にあった。悪党の跋扈はいよいよ勢いを増していた。

そしていっぽう、飢えに苦しむ讃岐国のある母親は、泣く泣く我が子を他人に売った。こどもは数えで七つ。こんにちなら、まだ小学一年生の年齢だ。自分のもとにおいたのでは、こどもの身命を長らえさせることができない。「かように沽渡《うりわた》し進《まい》らせ候、身命たすからんがために候」（鎌遺四〇・三〇九九一号）。母親のことばには、追い詰められたものに漂う、名状しがたい悲しみとこの世の残酷さがある。地震、異常気象、盗賊と、支配者からの収奪、もろもろの矛盾に労働庶民はさいなまれ、打ちひしがれていた。社会はまごうことなく全般的危機に踏みこんでいた。

第二章　畿内進駐の軍事力

恐るべし、楠木正成

反抗武士を討伐する

楠木正成がはじめて歴史に登場するのは元亨二年（一三二二）のことである。そのときのかれはまだ後醍醐天皇の軍事力ではなく、反抗する御家人武士を武力制裁する鎌倉権力（北条得宗権力）の爪牙《そうが》であった。楠木氏は東国から畿内河内に進駐した鎌倉の軍事力だった。ここではそのことについて考えてみよう。江戸時代前期の儒者林道春《どうしゅん》（羅山《らざん》）が編述した『鎌倉将軍家譜』という書物にはつぎの記事が載せられている。

頃年《けいねん》（元亨二年）摂津国の渡辺右衛門尉《うえもんのじょう》が野心を挟《さしはさ》む、高時《たかとき》は河内国の住人楠正成をしてこれを撃ち平らげしむ、また紀伊国安田《やすだ》（保田）庄司《しょうじ》が逆心をもち、正成がこれ

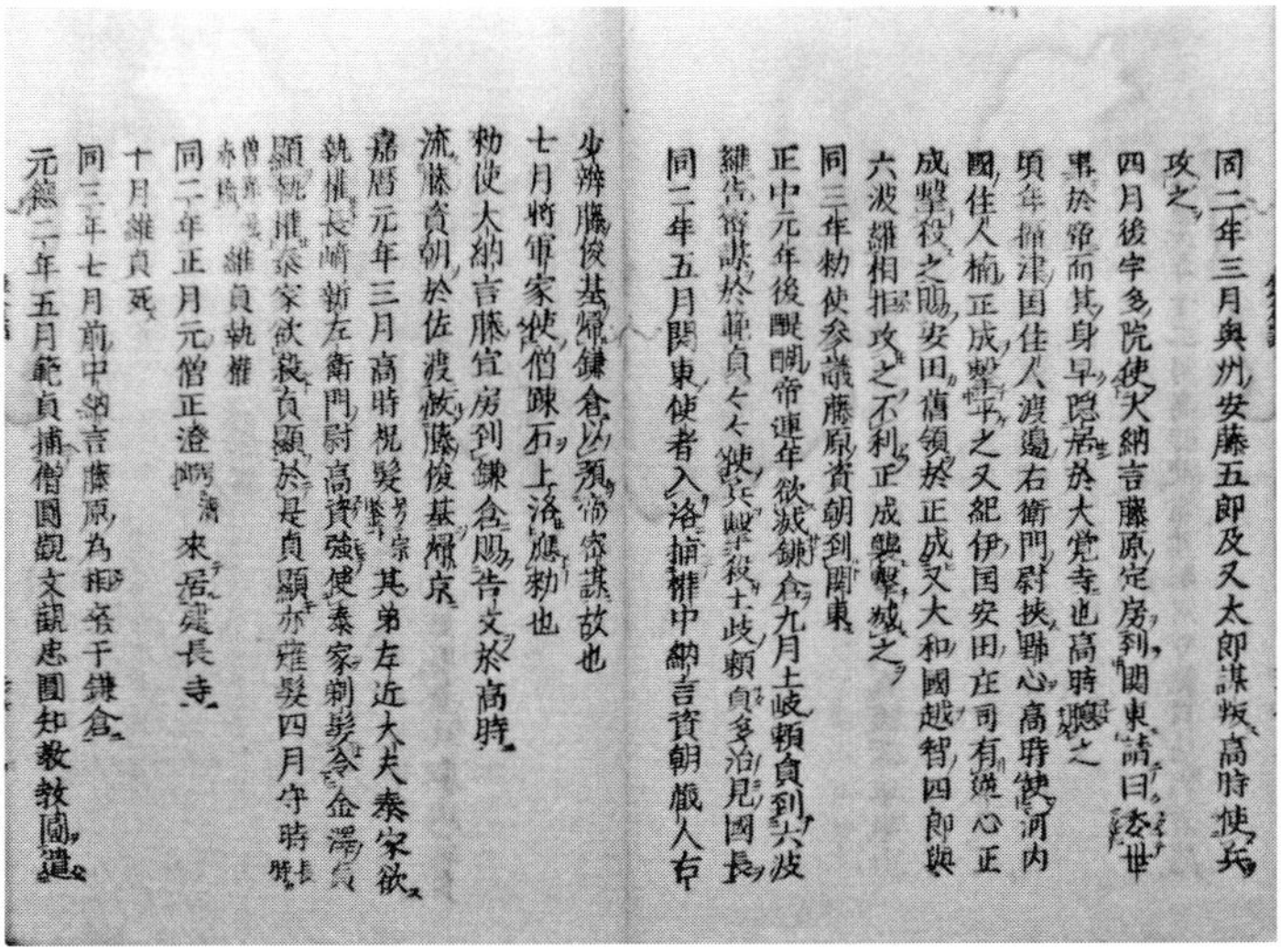
同二年三月奥州安藤五郎及又太郎謀叛高時使兵
攻之
四月後宇多院使大納言藤原定房到関東請曰欲世
事於帝而其身早隠居於大覚寺也高時聴之
頃年摂津国住人渡邊右衛門尉挟野心高時使河内
國住人楠正成撃殺之又紀伊国安田庄司有野心正
成撃殺之賜安田舊領於正成又大和國越智四郎與
六波羅相拒攻之不利正成襲撃滅之
同三年勅使参議藤原資朝到関東
正中元年後醍醐帝連年欲滅鎌倉九月土岐頼貞到六波
羅告帝謀於範貞々々使兵撃殺土岐頼貞多治見国長
同二年五月関東使者入洛捕権中納言資朝藏人右
少弁藤俊基帰鎌倉以預帝謀故也
七月将軍家使僧疎石上洛聴勅也
勅使大納言藤宣房到鎌倉賜告文於高時
流藤資朝於佐渡赦藤俊基帰京
嘉暦元年三月高時祝髪号宗鑑其弟左近大夫泰家欲
執権長崎新左衛門尉高資強使泰家剃髪令金澤貞
顕執権泰家欲殺貞顕於是貞顕亦薙髪四月守時
曾孫 赤橋 維貞執権
十月維貞死
同二年正月元僧正澄 来居建長寺
同三年七月前中納言藤原為郷卒于鎌倉
元徳二年五月範貞捕僧圓観文観忠圓知教教圓遣之

図6 『鎌倉将軍家譜』(林道春編)
右ページの5行目から8行目にかけて、正成の軍事行動の記事がみえる。

を撃殺す。(高時は)安田の旧領を正成にたまう。また大和国の越智《おち》四郎が六波羅《ろくはら》にたいし相《あい》拒《こば》む、これを攻めるも利ならず、正成が襲撃してこれを滅ぼす。

(原漢文)

前段の渡辺右衛門尉についてはあとで述べることとして、まず中段の保田庄司撃殺のことからみることにしよう。このことについては、『高《こう》野春秋編年輯録《やしゆんじゆうへんねんしゆうろく》』に関連記事がある。それによると、正成の軍勢は討伐のために河内から保田へおもむくとき、高野山領の道を通った。正成の住所を金剛山の西麓赤坂と考えれば、そこから紀伊国保田荘へむかうのに、葛城《かつらぎ》山系の紀見《きみ》峠を越えて紀ノ川をわたり、さらに高野山領の山中を抜けて有田《ありだ》郡にはいり保田荘へ攻め込んだのだろう。『鎌倉将軍家譜』『高野春秋編年輯録』はともに近世の編纂物であるため、保田荘司の事件はこれまで一部の学者をのぞき、ほとんどから無視されてきた。*

しかし林道春ほどの博覧強記が不確かな史料をみずからの編纂物に混入するとも考えにくい。また高野山学侶春潮房懐英《しゅんちょうぼうかいえい》の手になる『高野春秋編年輯録』も、五〇年余もかけて寺の文書・記録を博捜して編纂したものであって、こんにち高野山ならびに高野山領研究には欠かせない文献である。したがって正成が北条高時の命をうけて保田荘司を討ったという、この記事だけを疑い排除するのはかえって合理性に欠ける、とわたしは思っている。

ところで網野善彦氏は保田荘と阿弖河《あてがわ》荘の地頭は同じ湯浅《ゆあさ》氏で、その湯浅氏は高野山との相論《そうろん》に負けて阿弖河荘を没収されたふしがある、正成が高時の命令で保田荘にむかったのは、紀伊国守護（北条氏）の命令でそこの差し押えに行ったか、差し押えた湯浅の所領が得宗領になって、自分がそこの給主になったからではないか、とのべている（網野：一九八二年）。

その後楠木正成は北条氏を裏切って討幕派に身を転じるから、楠木の給地（湯浅旧領）は取り上げられて、ふたたび地頭湯浅氏にもどされたはずだ（正成の旧領である下赤坂城が湯浅にあてがわれたのもこの時であろう）。そう考えると後述するように、再挙した正成がまっさきに紀伊国に入って湯浅を襲い（楠木合戦注文）、また下赤坂城の湯浅とことをかまえ（太平記巻第六「楠出張天王寺事付隅田高橋并宇都宮事」）、軍事衝突したのもすんなり理解できる。

つぎに後段の越智四郎についてであるが、かれのことについては、保田荘司よりもさらに、だれからも注意されていない。しかし越智氏についても、『大和国越智家系図』という興味深い史料がある（山田梅吉：一九三六年、所収）。これによると、正和五年（一三一六、じつは元亨二年・一三二二）の春、鎌倉北条氏は越智の所領根成柿《ねなりがき》を召し上げて、しかも代替地を与えず、そのうえ同年中には闘犬の飼料を、六波羅を通じて賦課してきた。越智邦永《おちくになが》は大いにこれを憤り、郎従らにいいふくめて根成柿に駐留する六波羅代官糟谷《かすや》を討ち取り、ついで納物を差し押さえた。

そして邦永は越智山の道を切り塞ぎ、霧越山（場所不明）に逆茂木《さかもぎ》を引いたあと、一族郎従を引き従えて山に楯籠った。六波羅北方探題の北条範貞《のりさだ》は、斉藤太郎左衛門尉利行《としゆき》に

図7　大和越智氏を襲撃する楠木軍（絵本楠公記）

一〇〇〇余騎を添えて大和にくだしたが、越智勢の待ち伏せゲリラ戦に遭遇しこれに敗退した。そのご小串《こぐし》三郎左衛門尉範《のり》行《ゆき》二〇〇〇余騎が攻めたが、やはり越智の反撃にあって敗退した。とうとう六波羅は近国の武士を集め六〇〇〇の軍勢を擁して越智の退治にあたることになった。そのとき楠木兵衛尉正成も武命にしたがい現地へむかった。越智は得意の待ち伏せ攻撃で小串の軍勢を四散させたが、これをみた正成は越智の実質兵力がわずかであることを見ぬき、手勢をひとつに固めて越智勢の真ん中を突き、たちまち邦永と重臣を討ち取ったという。

＊　ふるくは田中義成が正成の保田荘司討平

を著書『南北朝時代史』（明治書院、一九二二年）に記述し、藤田精一が著書『楠氏研究』（積善館、一九三三年）で、強盛きわめた高野山荘園の地頭湯浅氏が、鎌倉末期に俄かにおとなしくなったのは、正成による保田荘司討平によるものかと指摘した。ところが戦後（太平洋戦争後）はなぜか、このことを論ずる者はいなかった。網野善彦氏は正成による保田荘司の討伐に注目した数少ない学者であった。

襲撃伝承は史実を伝えている

『大和国越智家系図』は、『鎌倉将軍家譜』『高野春秋編年輯録』とおなじく、大筋で史実を伝えていると考えてよい。北条範貞が六波羅北方探題に着任したのは元亨元年だから、右所伝の事件は正和五年ではなく元亨の年、つまり『鎌倉将軍家譜』『高野春秋編年輯録』にある元亨二年のものであることは疑いなく、この点の間違いはあるものの、所伝中の人物は実在しており、内容はだいたいの筋において正しい（新井孝重：二〇一一年）。

『大和国越智家系図』所伝中の「斉藤太郎左衛門尉利行」は正中の討幕陰謀事件の処理を担当した人物として『太平記』（巻第一「頼員回忠事」）、『花園院宸記』（元亨四年九月十九日条）、「結城宗広書状」（鎌遺三七・二八八三五号）に見える。かれは六波羅の奉行人だったのだろう。また「小串三郎左衛門尉範行」は正中陰謀露顕のさい土岐・多治見の追捕《ついぶ》にあたった人物で、探題範貞と主従関係にあったと考えられている（太平記巻第一「頼員回忠事」。佐藤進一：一九七一年）。

そもそもこの『大和国越智家系図』とは、越智村の九頭《くず》神社の社人であった前川信濃守がもち伝えた『系譜』を、天明七年（一七八七）高取藩士であった吉川覚兵衛茂周《しげもち》が書写したものである。それを茂周の子孫が持ち伝えてきたのである。南大和では近世にはいると、先祖をたずね家の由緒を調べる風がさかんになり、おおくの伝承と記録が越智党の末裔によってまとめられた。そのなかのひとつがこの『系図』であった。いずれも当時としては可能な限り正確な史料を蒐集することによって作ったものだという（『高取町史』一九六四年）。したがって、『系図』の内容はおおかた信頼にたるとおもう。

さて次にはなしは前後するが、『鎌倉将軍家譜』の記事のうち、前段に書かれた「摂津国の住人渡辺右衛門尉が野心を挟む、高時は河内国住人楠正成をして、これを撃ち平らげしむ」という記事だが、これも否定する根拠はない。摂津渡辺党の遠藤氏は、鎌倉時代の前期には有力な御家人となり、なかごろには北条一族と通婚関係を結び、あるいは六波羅北方探題北条一族と烏帽子《えぼし》親子になっている（三浦圭一：一九八一年。遠藤系図、続群書類従第六輯下系図部）。有力な御家人で北条氏とも深い関係にあったために、かえって厳しい制裁をうけたのかもしれない。

鎌倉末期元弘三年五月付の記録（内蔵寮領等目録）には、摂津国渡辺からは惣官《そうかん》（摂津国内蔵寮《くらりょう》領の大江御厨《おおえのみくりや》を統括し、周辺の治安にあたる役職）任命の礼金、年貢、浮津料（？）などが、いずれも「無沙汰」となっていると記されており（『新修大阪市史』第二巻）、そのころの渡辺惣官ならびに渡辺党の者たちは、朝廷（その背後には六波羅探題がいる）にたいし経済的に敵対していたことがわかる。年貢その他の「無沙汰」が元亨以来のことであれば、これが原因となって正成の武力制裁が発動されたとも考えられる。

楠木氏はどこから来たのか

楠木氏の本拠である河内国にはどこを探しても「楠木」の地名がない。このため一族には名字の地がないと考えられ、そのことから楠木氏は土地に根ざすことのない武士であろうと考えられてきた。金剛山の辰砂《しんしゃ》を採掘する鉱山経営の民であるとか、道路の要衝地を支配して交通運輸に携わる、散所《さんじょ》の長者ではなかったか、と考えられるのはこのためである。

さてここで気をつけなければならないのは、楠木氏が鎌倉武士のイメージと大きく異なるゆえに、もともと鎌倉幕府と関係のない、畿内の非御家人だろうと考えられてきたことである。土地に根をもたず、交通運輸と商業で生計をたてている武士は、鎌倉の御家人でないにきまっているというわけである（沙汰未練書には「御家人トハ、往昔以来為開発領主《かいはつりょうしゅ》」とある。続群書類従第二十五輯上武家部）。たしかに土地を開発して、領主として生活するものが鎌倉御家人であるなら、楠木氏のような武士は御家人ではないということになろう。しかし鎌倉時代の末期になって、貨幣財産（商業基盤）をもたない御家人が畿内にいただろうか。

畿内のように交通と商業が盛んなところであれば、どこに暮らす武士であっても、生活のしかたに御家人と非御家人の違いはないとみたほうがよい。だから楠木氏がその存在のしかた（交通と商業）を理由に非御家人でなければならない、ということにはならないのである。元弘討幕戦以前の正成は、一ヵ所に居を定めない武装商人であり、なおかつ鎌倉御家人か、北条氏被官人であった、とわたしは思っている。

楠木氏の出自を考える上で興味深いことが、最近の学界でいくつか提示されている（筧雅博：一九九七年）。そこでその論説を紹介しよう。まず楠木氏の地盤である河内国観心寺についてである。この寺の支配者は鎌倉中期には安達城介《じょうのすけ》義景《よしかげ》だった。支配権が子の泰《やす》盛《もり》に伝えられたとすれば、弘安八年十一月の泰盛滅亡（霜月騒動《しもづきそうどう》）のあとは、北条氏得宗領にくみこまれた、とみるのが順当である。ということになれば、観心寺（領）には得宗被官人が代官として送りこまれただろう。*

つぎに目を転じて、楠木氏のルーツとおぼしき場所についてである。駿河国に入江荘《いりえ》という荘園がある。幕府はその一部にある長崎郷三分一と楠木村（どちらもいまの清水市）を、正応六年（一二九三）七月に鶴岡八幡宮へ寄進した。ここに「楠木」という地名の見えるのが注目されるのである。二つの土地（長崎郷三分一・楠木村）が寄進されたのは、北条得宗家の内管領《ないかんれい》平頼綱《よりつな》が誅殺された、わずか三ヵ月後のことだったから、その土地が頼綱の闕所地であったと推測するのは無理ではない。

おそらく平頼綱の闕所地があった入江荘は、全体としては北条得宗家の支配下にあったのだろう。そうであれば楠木村に得宗被官人の「楠木氏」が居住したことは当然考えられる。その一族が泰盛滅亡後に得宗領化した河内国観心寺に、代官として送り込まれたのではないか、と思えてくるわけだ。この論説はさらに驚くべき史料で補強されている。

＊　正成と観心寺の関係は、湊川合戦討死後の建武三年六月十五日、「河内国新開《しんかい》庄正成跡」が、足利尊氏によって東寺に寄付されているところに認められる。この新開荘はかつて観心寺の資材帳にみえる荘園で、そこが正成の知行地になっていたことを知るのである。また大乗院旧蔵の「諸庄々文書案　全」に記されたことからも、正成と観心寺の関係は知ることができる。すなわち「諸庄々文書案　全」の「河内宇礼志庄所当雑事」を記す紙の裏に、楠木と地下荘官が湊川合戦で少々討たれたとある。南北朝末期にその宇礼《うれ》

志荘《し》の公文職《くもんしき》が観心寺僧に与えられているのは、もともとその荘園が観心寺と深い関係にあったからである。とうぜん宇礼志荘は楠木の勢力下におかれていたと考えられ、そのゆえに地下荘官が湊川合戦に参加して命を落としたのである（豊田武：一九八三年）。

ちなみに新開荘はもと北条氏の所領であったことはすでに先学が明らかにしている（石井進：一九六九年）。また常陸瓜連《うりつら》に正成の代官正家なるものがみえるが、ここも北条氏所領で正成が建武政府から新恩としてもらった所であるという。正成があてがわれた出羽国屋代《やしろ》荘地頭職も、北条氏所領との関連で考えられるという（豊田前掲論文・一九頁補注）。

楠木氏は得宗被官人だ

元弘三年（正慶二・一三三三）閏二月のころ、関東軍勢は吉野・赤坂・千早に討幕反乱勢力と激戦を交えていた。後方兵站地となった京都からは、増援の軍勢がぞくぞくと大和・河内へ向かっていく。こうした騒然たる洛中の、たぶん鴨川の橋のたもとでもあろうか、一首の落首《らくしゅ》が掲げられた。「或る人」からその歌を聞いた廷臣二条道平は、日記（後光明照院関白記正慶二年閏二月一日条）につぎのように書き記している（図8参照）。

くすの木の　ねハかまくらに成るものを　枝をきりにと　何の出るらん

笠置攻めにしくじった鎌倉武士が、そのぶざまな負けっぷりを落首（平等院の橋づめに掲示）で笑われ、天王寺攻めに失敗した六波羅の武士が、やはりそのみっともないありさまを落首（六条河原に掲示）で散々嘲笑《あざわら》われた。『太平記』の合戦場面には一群の「見物衆《けんぶつしゆう》」があらわれるが（巻第二「師賢登山事付唐崎浜合戦事」）、この野次馬が京童《きようわらべ》といわれる者たちだ。かれらは見てきた出来事を風刺の落首にあらわし、ひとの目に触れる場所に掲げた。こうした無数の落首のうち、たまたま貴族の日記に残されたのが「くすの木の……」であった。

それにしてもこの落首は、瞠目すべき内容である。意とするところは、楠木の根（出自）は鎌倉（得宗権力）にあるのに、枝（正成）を切りになんで（そこまでして）出かけるのだろう、といったところだろうか。あきらかに河内へむけて出軍する関東軍勢を嗤《わら》ったものだ。これによって、これまで謎めいていた楠木氏の身元が、「鎌倉」にあったことを知

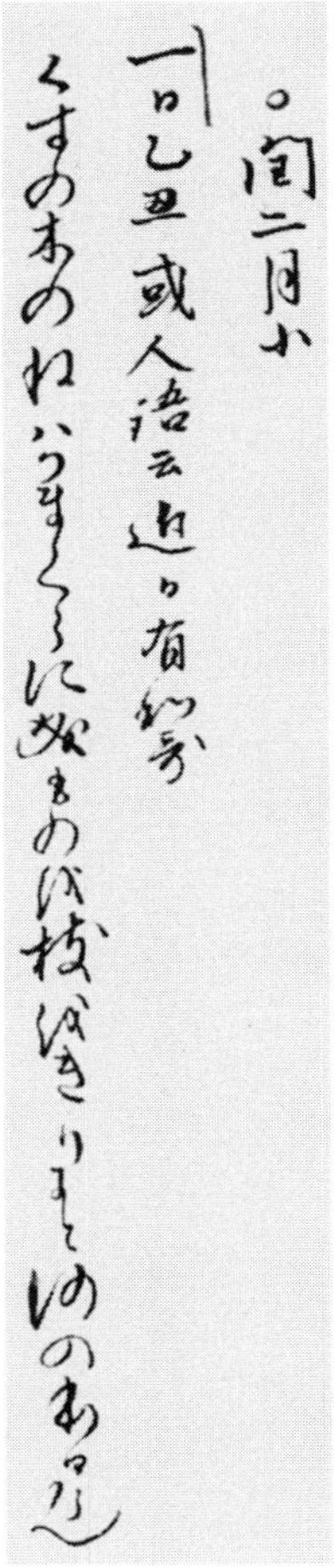

図8　楠木の素姓をかたる落首（後光明照院関白記）

るのである。

先に述べたように、駿河国入江荘（得宗領）に「楠木氏」がいて、それが同じ得宗領である河内国観心寺領におくりこまれ、楠木正成の系譜につながったのであれば、落首にある「かまくら」というのは、得宗家と理解するのがよいだろう（とはいえ、『吾妻鏡』〈建久元年十一月七日条〉をみると、源頼朝が右大将拝官のため上洛したとき、後陣四十二番の随兵に楠木四郎なるものがみえる。このものを入江荘の「楠木氏」とみると、河内楠木氏はふるくからの御家人であって、なおかつ北条氏被官人であったと考えるのがよい）。

楠木氏が東の方から河内国に進駐した一族であることはもはや明らかである。ならば、かの一族がほんらい橘姓であった、というのも疑う余地がある。* 正成が赤坂に挙兵したとき、かれの官名は衛府の官人をさす兵衛尉であった。任官には源・平・藤・橘のいずれかの姓が必要であるから、これといった姓をもたぬ土豪武士は、他姓を冒してその望みを達さねばならなかった。『太平記』が楠木氏の姓を橘氏といいながら、正成の父祖の名すら沈黙しているのは、正成のときになって兵衛尉に任官するため、橘氏を仮りたのではないだろうか（生目田経徳：一九三五年）。

またつぎのような指摘もある。和泉国に楠木氏・和田氏と関係の深い久米田寺という寺があるが、その寺の西となりの前方後円墳が、ふるくから橘諸兄《たちばなもろえ》の塚とされていた。これは橘氏を称する付近の豪族が、その氏姓の祖先を礼拝し供養するために、一種の勧請《かんじょう》をおこなったのではあるまいか、というのである（植村清二：一九六二年）。あらたに橘姓を称し諸兄の塚を礼拝する豪族のひとつに、楠木氏があってもおかしくはない。

＊　かつてわたしは前著『黒田悪党たちの中世史』（二三五頁）にて、楠木氏が橘姓を冠したという所伝をそのまま肯定したが、妥当性を欠くものであった。これについては疑う余地がある、と改めたい。

武装のコミュニティ

戦う武装民は住所不定

根っこを「鎌倉」にもつ楠木正成が、高時の手先となって、畿内ならびにその周辺の、いうことを聞かぬ御家人武士を討ち滅ぼした。そのことはかれの身元（得宗被官人）から考えて疑いはない。そして『太平記』の扱いなどからみれば、橘氏であるというのも疑わしい。河内国のどこに正成の館があったかわからないのは、河内生え抜きではない進駐軍としての御家人・得宗被官人であれば、むしろ当然であったのかもしれない。

しかも正成はいつの時点か（たぶん元亨三、四年ころか）、後醍醐天皇に結びついており、元弘元年（一三三〇）九月には公然たる討幕反乱勢力の中核となって歴史の舞台におどりである。かれは非合法の政治活動家・軍事活動家として人生を送ることになるから、館がどこにあったか、などということはなおのこと分からなくなる。そもそも正成に地方在地領主が住むような館があったのだろうか。幕府が大塔宮《おおとうのみや》と楠木正成の首に懸賞を懸けたが、それでもついに両人ともに仕留めることはできなかった（楠木合戦注文）。このことだけでも、周囲を濠でかこみ、領主制の経営拠点として機能するような在地領主型の館は存在しなかったとみる方がよいのではないか。

畿内の武士は門地・家柄・権勢にもよるが、総じて浮動的であって、おのれの住宅を自立のあかしとか、地域支配の拠点であるなどと考えてはいなかった。伊賀国の黒田荘《くろだ》では武装民・悪党の跳梁に手を焼く本所権力・東大寺が、六波羅に圧力をかけてこれを取り締まろうとしたがうまくいかない。というのは国内守護代（平常茂《つねしげ》）ならびに有力御家人（服部《はっとり》持法《じほう》）が、六波羅の命を奉じて荘内に入部するが、逸早くそのことを知ったかれら武装民は、いとも簡単に姿をくらましてしまうのである。

かれ等の住宅においては、悉《ことごと》く破却仕《つかまつ》り候《そうらい》おわんぬ、と云々、しかるに件の覚舜・清高以下の交名人《きょうみょうにん》（黒田悪党）等、御使入部のときは逐電せしむといえども、先々のごとくんば、御使帰参の後は本宅に還住《げんじゅう》し悪行致すの間、向後《きょうごう》庄内の経廻を断たんが

図９　盗賊をはたらく武装民・悪党（松崎天神縁起絵巻・模写）

ため、住宅を焼き払われるべきの由、訴え申すにつき、今度においては住宅を破却されるの間、所縁に触れて庄家を経廻せしめ、路次を切り塞ぎ、いよいよ悪行を致す（以下略）（鎌遺三八・二九八四五号）

これは東大寺が六波羅へ提出した訴状の一部である。六波羅御使が入部すれば、覚舜ら武装民は逐電してしまい、御使帰参するとまた元の住宅に還住する、住宅を破却すれば縁者に身を寄せて（所縁に触れて）荘内を動き回り、交通を遮断して反抗活動を続けた。この時代の武装民にとっては、おのれの住宅にこだわる理由は少しもなく、権力からの追及にたいしては縁者や仲間の住宅にかくまわれ、張り巡らされた抵抗の網を基盤にして活動するのを常とした。

網の目の在地軍事力

荘園農村の住民は近世江戸時代の住民のように土地に縛られることがない。本所権力は住民の身柄と居住地を把握することに無関心だった。このため住民が悪党になっても、本所はだれが張本《ちょうほん》で、だれが縁者で、だれが仲間なのか分からない。東大寺などは荘園である黒田荘を支配しているといっても、その支配というのは年貢と公事《くじ》を徴収するだけのことであるから、在地の住民の暮らしにはまったくといってよいほど無関心だった。

普段がそんな具合だから、じっさいに武装民・悪党が暴れだすと、*その時点になってはじめて悪党と縁者の住所の特定作業をはじめる。まず住民からの投書で、悪党張本を突き止める。投書（落書《らくしょ》）をもとに悪党のリスト（交名《きょうみょう》）をつくる。嘉暦二年（一三二七）には九名の悪党張本にそれぞれ五、六名の縁者、そしてわかるものには縁者の肩か下に住所を記す。こうしてできあがったのが悪党縁者交名注進状である（鎌遺三八・二九九六七号）。

この交名に記された悪党張本と縁者は伯（叔）父・甥の関係や烏帽子親子の関係、あるいは相舅《あいしゅうと》・相婿《あいむこ》の関係でつながり、さらに別の張本の縁者でもあって、全体としては網のようなひろい関係を作っていた。

網の目のような関係は黒田荘にかぎらず、畿内社会にはどこでもみられる人のつながりかたといってよい。そして鎌倉末期の悪党という摑まえ所のない集団は、この武装化した網の目のコミュニティにほかならなかった。黒田の悪党は六波羅使節が荘内にはいってくれば縁者・仲間の住宅に逃げ込んで楯を突いたが、そうした行動はひろく畿内農村ではどこでも見られたのであって、和泉国大鳥《おおとり》荘などでは縁者・仲間の網の目のコミュニティが、全体として武装抵抗するという挙にでた。

大鳥荘では在地紛争を力で解決しようとする者ども（等覚ら）が住宅を城郭化し、そこに近隣の仲間（同意之輩）を呼び込んでいる。そしてこの動きを抑え込むため（治安維持のため）六波羅が使節を派遣すると、かれらはその城郭に楯籠り軍事的に反抗をくわだてた。しかもこの軍事反抗が一ヵ所で行われたのではなく、本城郭（等覚の城）の外でも「同意之輩」が住宅に引き籠って合戦に及ぼうとしたのであった（鎌遺三八・二九七二三号）。

社会が内戦化すると、野伏《のぶせり》というあらたな兵があらわれる。野伏は荘とか郷といった地域を越えた、武装民・悪党の広いつながりをベースにする、百姓大衆の武装民兵である。かれらは群れをつくって落ち武者を襲い、戦況不利ならクモの子を散らすように逃げる、とらえどころのない者どもであった。かれらの行動（略奪と戦闘）には継続性はなく、ひと仕事おえるとすぐ日常の生活にもどる。京都を落ちて鎌倉へむかう六波羅探題と光厳上皇の一行を襲ったのは、こうした武装民兵の群衆であった。

四宮河原《しのみやかわら》を過させ給ふ処に、「落人《おちうど》の通るぞ、打《う》ち留《とめ》て物具《もののぐ》剝《は》げ」と呼《よばはる》声前後に聞へて、矢を射事《いること》雨の降るが如し（中略）去る程に篠《しの》の目《め》漸《ようや》く明け初《そ》めて、朝霧《あさぎり》僅かに残れるに、北なる山を見渡せば、野伏共と覚えて、五六百人が程、楯を突き鏃《やじり》を支えて待ち懸けたり、これを見て面々度を失いてあきれたり、（中略）若党六騎馬の鼻を雙《なら》べて、懸けたりけるに、欲心熾盛《よくしんしじよう》の野伏共、六騎の兵に懸け立てられて、蜘蛛の子を散らす如く四角八方へぞ逃げ散りける、（太平記巻第九「主上上皇御沈落事」）

賊徒道を塞ぐ事あらば、打散《うちちら》して道を開けよとて、糟谷《かすや》三郎に先陣を打たせられ、鸞《らん》輿《よ》跡に連なって、番場《ばんば》の峠を越んとする処に、数千の敵道を中に夾《はさ》み、楯を一面に双《なら》べ、矢前《やさき》をそろへて待ち懸けたり（中略）三十六騎の兵共《ども》、馬の鼻を雙べてぞ駆たりける、一陣を堅めたる野伏五百余人、遥かの峯へまくり揚げられて、二陣の勢に逃げ加わる、糟谷は一陣の軍には討勝つ、今はよも手に碍《さわ》る者非じと心安く思いて、朝霧の晴れ行く儘《まま》に、越ゆるべき末の山路を遥かに見渡しければ、錦の旗一流れ峯の嵐に翻して、兵五六千人が程、要害を前に当《あて》て待ち懸けたり、（太平記巻第九「越後守以下自害事」）

楠木正成の戦力はこうした在地軍事力に依拠していた。金剛山を攻める鎌倉軍勢に野伏が背後から攻撃をしかけ、その戦闘能力を日々弱め続けたことは本書のはじめに述べたとおりだ。正成が発揮した巨大な力の実体は、まさに悪党と縁者・仲間、そしてさらに百姓住民が網のように結びついた武装のコミュニティであった。これに依拠しなければ、天王寺に下向した宇都宮公綱《きんつな》の軍勢にたいし、神経疲労させて追い返すことはできなかった。正成配下の野伏は毎晩、生駒の山並みに大篝火をたき、軍勢が充満するかのごとく見せかけて、宇都宮の軍勢を耐えがたい神経疲労においこんだ。

＊ 伊賀国の東大寺領黒田荘をみると、都で討幕陰謀（正中の変）が露見して大騒ぎになっているころ、武装住民・悪党の反抗活動が激しさを加え、こちらも騒然となっていた。もとをただせば、武装住民の先祖は荘園の確立に貢献した人びと（大江氏一党）である。だから何代ものあいだ寺から下司・公文などの荘官の地位を与えられてきた。荘官であるあいだは、荘内の住民にむかって寺の命令を布達し、年貢徴収の業務を通じて土地の支配者として存在していた。

ところがそれまで土地と結びつくことのできなかった貧しい作人が、自分の耕作権を財産化して自由に売買するようになると、権利や責任の関係が年貢徴収のしくみである名《みょう》からはみ出してしまい、やがて名そのものが役に立たなくなっていった。寺は奈良の役人（神人《じにん》・堂童子《どうどうじ》）を荘園にくだし、名に依存することなく、一人ひとりの作人を直接おさえ、寺内の各種用途にそった名目で地代を徴収するようになる（とはいえ、これは、請作関係〈小作関係といってもよい〉の形成にすぎず、住民生活の把握を意味しないのはいうまでもない）。

こうなると、名の上に乗っかって年貢徴収にあたってきた荘官武士（大江氏末裔）は用のないものとなる。かれらはこれまで培ってきた、在地の支配権からことごとく排除されていった。この動きは寺の財政が惣寺《そうじ》（寺の中央権力）に集中する動きと一緒にすすんだから、寺内で荘園の経営を請け負っていた寺僧（預所《あずかりどころ》）も、荘園の既得権から排除されることになった。こうして在地の荘官であったものや、寺のなかで預所の役職にあった僧たちは急速に融合一体化し、都市と農村のあいだを股にかける悪党となっていった（新井孝重：二〇〇五年）。

『太平記』にみる軍事力構成

楠木正成の指揮下に入った、あるいは入らなくとも楠木周辺に動く、南朝の諸族を『太平記』の中にひろってみると、楠木の戦力が河内・和泉・紀伊のかなり広い範囲に分布していたことを知る。息子正行《まさつら》の代になってから『太平記』にあらわれる南朝武士もふくめ、楠木周辺のめぼしい武士をならべると表のようになる。

表に掲載した南朝諸族は統一した固い組織をつくっていたわけではないから、個々の武士としてはさまざまに、複雑な動きをみせていたはずである。全体としてはかなり流動的

楠木一族と仲間の諸族一覧

1	和田 （和田五郎正遠）…… （和田五郎正隆）…… （和田次郎）………	巻六・①一九一頁（四二） 巻三・①一一五頁（二） 巻一六・②一五九頁（一） 巻一八・②二三〇頁（一）	和泉国大鳥郡和田村の武士。湊川合戦討死。泉州志によると、正遠は正成の甥。建武記の武者所結番に見える橘正遠と同一人物か。和田五郎正隆は和田五郎正遠と同一人物か。
2	（平野将監入道）……	巻六・①二〇六頁（三）	摂津平野の武士。楠木合戦注文に同族の「平野但馬前司」とその「子息四人」が見える。
3	（橋本八郎正員）…… 橋本	巻一六・②一五九頁（一） 巻二一・②三四四頁（三）	湊川合戦討死。 和泉国日根郡（現岸和田市）橋本の武士。
4	（宇佐美正安）……… 佐美	巻一六・②一五九頁（一） 巻三二・③二三〇頁（一）	宇佐美正安は佐美氏の一人か。湊川合戦討死。 河内国石川郡東条村佐備の武士。
5	（神宮寺正師）……… 神宮寺	巻一六・②一五九頁（一） 巻三〇・③一六七頁（一）	湊川合戦討死。楠木氏一族。 河内国大県郡（南高安村）神宮寺の武士。
6	越智	巻三〇・③一六七頁（三）	大和高市郡越智村の武士。
7	（真木定観）………… （真木ノ宝珠丸）…… 真木………………	巻一八・②二三〇頁（一） 巻二一・②三四四頁（一） 巻三〇・③一六七頁（二）	大和国宇智郡牧野邑（現五條市）の武士か。
8	三輪ノ西阿	巻一八・②二三〇頁（二）	大和国三輪神社の神主。南大和開住の有力南党武士。
9	恩地	巻一八・②二三〇頁（六）	河内国高安郡恩地村と紀伊国相賀荘（橋本）の武士。紀伊の恩地は生地（おのち）とも称す。
10	贄河	巻一八・②二三〇頁（六）	紀伊国伊都郡紀見村（胡麻生）の武士。

11	貴志	巻一八・②二三〇頁（五）	紀伊国那賀郡の貴志・真国・志賀野・名手に勢力をもつ武士。
12	湯浅（湯浅孫六入道定仏）	巻六・①一九一頁（九） 巻六・①一八五頁（一〇）	紀伊国有田郡湯浅荘を本拠として、阿弖川はじめ同国の各地に勢力をもつ有力武士。楠木合戦注文には「阿弖河孫六入道定仏」と見える。
13	野上	巻三四・③二八一頁（二）	紀伊国那賀郡野上荘の武士。
14	山東	巻三四・③二八六頁（一）	紀伊国名草郡山東荘の武士。
15	酒辺	巻三二・③二三〇頁（二）	紀伊国名草郡府中村の酒部の武士か。
16	崎山	巻三二・③二三〇頁（二）	湯浅党の武士。
17	陶器	巻三二・③二三〇頁（一）	和泉国泉北郡（大鳥郡）陶器荘の御家人武士。正慶二・正・十五、楠木の攻撃に投降（合戦注文）。
18	岩郡	巻三二・③二三〇頁（二）	河内国河内郡日下村の武士か。かつてここは、草賀郷岩凝村と称した。
19	河野辺（川辺）	巻三二・③二三〇頁（一）	河内国南河内郡千早赤阪村川野辺の武士。
20	福塚	巻二一・②三四四頁（五）	河内国南河内郡石川村大ヶ塚の上山城に福塚氏がいたという。
21	丹下	巻三四・③二八四頁（一）	河内国丹南郡丹下村の武士。正慶二・正・十四、楠木の攻撃に投降（合戦注文）。
22	俣野	巻三四・③二八四頁（一）	河内国南河内郡花田の武士。地頭。正慶二・正・十四、楠木の攻撃に投降（合戦注文）。

23	誉田	巻三四・③二八四頁〔一〕	河内国古市郡誉田村の武士。
24	佐々良	巻三四・③三八三頁〔一〕	河内国讃良郡讃良荘の武士。

〈凡例〉諸族登場場所は初出を掲載。①一九一頁は旧版岩波古典文学大系本一巻一九一ページ。〔四二〕は『太平記』中の登場総数四二回をあらわす（大隅和雄編『太平記人名索引』より作成）。

な軍事力を構成していたと推測すべきだろう。そのうえで改めて表をみながら、楠木軍事力の構成を考えると、つぎのことがいえそうである。まず中心部には楠木の一族と縁者がいた。和泉の和田氏（1）と河内国高安郡の神宮寺氏（5）、それと紀伊国の恩地氏（9）、贄川氏（10）、伊賀国の服部氏などである。かれらは橋本（3）（これも一族ないし縁者かもしれない）、宇佐美（4）ら宗徒《むねと》の者とともに、楠木氏のもっとも固い軍事力となっていた。

建武三年（延元元・一三三六）五月、兵庫湊川で和田正隆《まさたか》と神宮寺正師《まさかず》が、橋本正員《まさかず》、宇佐美正安《まさやす》とともに正成につき従い、足利軍と激闘のすえに討ち死にした。和田文書によると、和田治氏が楠木一族神宮寺正房と八木法達とあいともに合戦忠功を抽《ぬきん》でたという（延元二年三月日、和田治氏軍忠状）恩地氏には尹澄《ただずみ》なるものが相賀《おおが》荘を領して勢威があり、楠木正成の妹を娶って縁戚となったという伝承がある。また伊賀国浅宇田《あそだ》荘の服部氏には、楠木正遠（和田五郎正遠（1）との関係不明）なるものの女を娶り、楠木氏と縁戚となっていたという確度の高い伝承がある。これについては、また後でくわしく述べる。

服部氏は北伊賀地方の有力御家人、のちに悪党の頭目となった一族で、元弘元年（一三三一）鎌倉軍勢が楠木討伐のために大挙上洛したときは、敵軍勢の一部（足利尊氏勢、尊氏はこの時点では高氏であるが、煩を避けて尊氏とする）を伊賀方面にひきつけている。

要するに楠木氏の軍事力は、正成が居住した南河内郡を中心に、西へは和泉の和田・橋本ら、南へは和泉山脈の紀見峠を越えて紀伊の恩地・贄川、北は河内北部の神宮寺・恩地の諸氏、さらに伊賀国の服部氏など、ひろい範囲にわたって軍事的核を配置していたと考えられるのである（新井孝重：一九九九年五月）。そしてこれら一族・縁者の周囲には、それぞれの地域で大小の在地武装民が点在していた。反乱情勢が熟するにともない、かれらは楠木氏の一族・縁者、仲間の活動に触発され動きだしたのである。

元弘内乱初期の楠木軍勢には、華々しい活動にもかかわらず、武士の名前が一族・縁者をのぞいて、まったくといってよいほど『太平記』にあらわれない。このことは初期内乱の軍事力のほとんどが、在地に網の目のような武装コミュニティをつくっている、雑多無名の労働大衆であったことをしめしている。軍事的核である楠木正成とその一族・縁者・仲間たちは、討幕の政治闘争を開始すると、住宅を捨て移動生活にはいった。そしてその移動と活動を軍事的に支えたのが、『太平記』に名をあらわさない武装コミュニティのものたちであった。

第三章　蜂起、潜伏、そして再挙

元弘元年の討幕蜂起

正成、笠置の天皇に呼応

後醍醐天皇は正中の事件に懲りることなく、討幕への執念を燃やしつづけ活動をつづけた。京都の動きを探知した鎌倉幕府は元弘元年（元徳三・一三三一）使いを上洛させた。五月には日野《ひの》俊基《としもと》、文観《もんかん》・圓観《えんかん》らを拘禁して鎌倉へ送致した。後醍醐「謀反」はすでに天下周知である。これ以上の放置のできないことをさとった幕府は、ついに禁裏に向かって動き出す。これを知った後醍醐は、八月二十四日夜十分な準備もせず、また行動計画も決まらぬまま、急遽京都を脱出し奈良にむかった。

木津川を渡った後醍醐天皇は、北山松嶺寺《きたやましようれいじ》＊というところを御所として、東大寺の衆徒の

図10　鎌倉軍勢を迎え撃つ笠置籠城の兵（笠置寺縁起絵巻）

心をうかがった（参考太平記所引毛利家本・天正本巻第二、角川文庫版太平記（一）、岡見正雄校注三五〇頁）。寺内の院家である東南院《とうなんいん》は後醍醐に同調していたようだが、衆徒はだれも与力する気配がない。このためいったん山城国の鷲峰山《しゅぶせん》に移った。そしてさらにそこを出て笠置山《かさぎ》にむかった。笠置山が河内・大和・伊賀いずれからも、兵を集めるのに地の利を得ていたからである。ここに日本列島が未だかつて経験したことのない、大規模な戦乱の火ぶたが切って落とされた。『法隆寺別当次第』の編者は「同廿七日笠置寺入御、日本国動乱のはじめは是なり」としるした（続群書類従第四輯下補任部、法隆寺別当次第・憲信僧正）。

後醍醐天皇が挙兵したとの報は、ただちに畿内各地につたわった。これにこたえ、「笠置殿には大和、河内、伊賀、伊勢などより、兵ども参りつどふ」たが（増鏡第十八「むら時雨」)、めぼしい武士は一人もいない。おそらく奈良坂北山宿の息のかかった非人法師が多かったのではないか。そうしたなかで「事のはじめより頼みおぼされたりし」楠木兵衛正成が登場するわけである（増鏡第十八「むら時雨」)。『太平記』では、かれはいかにも劇的、かつ神秘的に登場する。そもそも「如何《いか》なる謀《はかりごと》を廻らしてか、勝つ事を一時に決して、大平を四海に致さる可《べ》き所存を残さず申すべし」との下問に正成はこたえる。

東夷近日の大逆、只《ただ》天の譴《せめ》を招き候上《そうろううえ》は、衰乱《すいらん》の弊《つい》へに乗て天誅を致されるに、何の子細か候べき、但し天下の草創《そうそう》の功《こう》は、武略と智謀との二つにて候、若《も》し勢を合わせて戦はゞ、六十余州の兵を集めて、武州相模の両国に対すとも、勝つ事を得がたし、若し謀《はかりごと》を以て争はゞ、東夷の武力只利《とき》を摧《くだ》き、堅《かたき》を破る内を出《いで》ず、是欺《これあざむ》くに安《やすう》して怖《おそ》るゝに足ざる所也、合戦の習《ならい》にて候へば、一旦《いったん》の勝負をば、必ずしも御覧ぜられる可《べ》からず、正成一人未《いま》だ生きて有りと聞こし召《め》され候はゞ、聖運遂《つい》に開《ひら》かる可しと、思《おぼ》し食《め》され候へ。（太平記巻第三「主上御夢事付楠事」）

こう頼もしげにいうと、正成は河内へ帰っていったという。元弘元年（元徳三・一三三一）八月、たしかにかれは笠置へ参候したようだ。そのときからまず、しなければならぬ行動は、後醍醐が討幕を叫んで挙兵に踏み切ったいじょう、ただちに戦争準備に取り掛かることとであった。「御所方」たることを公然化し、国中の民屋を追捕し兵粮《ひょうろう》をはこびとることだった。そして手勢を引き連れて下赤坂山に楯籠った。このときの正成勢は五〇〇騎であったというが、下赤坂城の規模からして、そんなに人数はいなかったろう。

ところでこれよりすこしまえ、正成は和泉国若松《わかまつ》荘でひとつの事件を起こしていた。臨《りん》川寺《せんじ》が寺領（世良《よよし》親王遺領）につき、後醍醐天皇側近の僧道祐《どうゆう》からの競望《けいもう》（所有権の主張）をうけ、道祐の主張が朝廷にみとめられるという事態が発生した。あせった臨川寺は後醍醐天皇に上訴し、あらためて寺領である旨の綸旨《りんじ》をもらいうけた。が、こんどは道祐の手下「悪党楠兵衛尉」が係争地（世良親王遺領）を直接押さえてしまったというのである（鎌遺四一・三二七七一号、網野善彦：一九七〇年）。かれの行動はきたるべき戦争にそなえて、兵粮を確保する行動であったに違いない。

＊北山というところは京都から奈良への入り口に位置する。一帯を奈良坂ともいい交通の要衝であった。当時は京都の清水坂とならび、非人宿の根拠地として双璧をなしていた（竹内理三：一九七五年）。清水坂は畿内とその周辺近国におおくの末宿をもっており、奈良坂非人も大和とその周辺にいくつもの末宿をおいていた。伊賀国黒田荘には伊勢街道の北の出入口に北山の末宿がおかれ乞場が営まれていた。北山の非人法師が河上の横行《おうこう》（唱聞師、雑芸能民）と合戦闘乱をしたときに、黒田荘の非人もそれに加わったら

しく、荘園領主東大寺から乞場禁止の処分をうけている（部落問題研究所編『部落史に関する総合的研究』史料第四、二四四頁、柳原書店、一九六五年）。

このことを角度をかえて北山宿からみると、末宿から非人法師を動員することによって、同宿が軍事的に相当の力を擁していたということになる。後醍醐の側近僧文観が、非人施行（救済）に力をいれた叡《えい》尊《そん》・忍性《にんしょう》らの西大寺系律宗と深くかかわり、ひそかに後醍醐討幕成就を願って、奈良坂北山の般若寺（西大寺系律宗寺院）に文殊菩薩《もんじゅぼさつ》を造立したことをあわせ考えると（網野善彦：一九八六年）、京都を抜け出して奈良にむかった後醍醐天皇が、その北山に足を止めた理由はおのずから明らかである。

天皇は東大寺の僧兵だけでなく、じつは奈良坂北山宿が統括する畿内近国の非人法師軍事力を期待したのである。笠置山合戦に奈良坂般若寺の本性房《ほんじょうぼう》なる僧があらわれて、関東軍勢にむかって大石を鞠のように軽々と投げつけたのは（太平記巻第三「笠置軍事付陶山小見山夜討事」）、北山宿から動員された非人法師のうごきを伝えたものではないか。なお北山宿の松嶺寺という寺院は廃寺となって消滅し、いまは見あたらない。

河内赤坂城に蜂起す

元弘元年（元徳三・一三三一）九月、楠木正成は河内赤坂城に蜂起した。かれが討幕派に転じたという報は、笠置山を攻めあぐねる六波羅《ろくはら》の軍勢に大きな衝撃を与えた。かれは九年前の渡辺党と保田荘司、越智氏の討伐で勇名をはせている。その敏捷で峻厳なせん滅戦に六波羅は、おのれの番犬でありながら、すでに驚きと恐怖の念を抱いていた。とうぜん

「御退治延引《えんいん》せば、事《こと》御難儀に及候《およびそうらい》なん」という認識は（太平記巻第三「笠置戦事付陶山小見山夜討事」）、蜂起の第一報を聞いた六波羅探題のだれもがいだいたことだった。*

　笠置攻めの援軍として上洛の途にある関東の大軍は、笠置が落城したという報に接すると、そのまま三隊に分かれて楠木討伐にむかった。ひとつは大和道からの軍、ふたつには佐良々路からの軍、そして三つには天王寺からの軍が楠木討伐に向かったのである。石川河原からみえる赤坂城は、にわかづくりで、深い堀もほらず、わずかに塀一重塗った程度で、大きさは百数十メートル四方でしかなかった。その内側には「櫓《やぐら》（楯カ）二三十が程、掻き雙べ」ただけだ。東の一方だけは山田の畦が重々にせりあがっていて少し攻めにくいが、北も南も西もみな平らであった。

　攻める軍勢はこれをみて「あな哀れの敵の有様や」、これではどんなことがあっても一日も持つまいよ、いざや分捕り高名《こうみょう》して恩賞にあずかろう、と競うようにして攻めかかった。ところが正成はあらかじめ、別の一隊を山陰《やまかげ》に隠しおき、ころ合いをみて背後から関東軍勢を衝いた。どっと攻めるのにあわせ、城兵も城戸《きど》を開いて打って出る。関東軍勢は大混乱のうちに潰走した。

　さて、『太平記』にある別動隊の攻撃は、釣り塀や熱湯をぶっかけることと同じく、のちの人口《じんこう》に膾炙《かいしゃ》する作戦であったが、これがもし本当に行われたとすると、この別動隊とはどのような兵から成り立っていたのだろうか。鎌倉末期の畿内農村の武装民・悪党は、楠木の一族・縁者・仲間の下にコミュニティとして存在し、共同意識の高揚によっては地域総ぐるみの野伏にもなる。おそらく寄せ手の軍勢を後ろから襲ったのはこうした武装コミュニティの戦闘員ではなかったかとおもう。かれらは石川河原の道五キロに散乱した関東武士の馬や物具《もののぐ》をひろい、にわかに懐具合が良くなったという。

武装民兵・野伏は正面から敵と合戦する武士ではなく、木陰物陰に身を隠し奇襲をかける農村ゲリラである。この非正規軍の海にはまった関東軍勢は、けっきょくこのあと三年後の千早《ちはや》攻城戦に敗北し壊滅する。赤坂城寄せ手は「後攻《ごづめ》のなき様に、山を苅廻《かりまわ》し、家を焼《やき》払《はろう》て、心易く城を責《せむ》べきなんど」評定《ひょうじょう》したが（太平記巻第三「赤坂城軍事」）、ゲリラに対応する策としては、これはある程度正しい対応策であった。

＊　ひとは正成という名を聞いただけで、ある種身震いするような畏怖を感じた。「正成」の後ろには超常的な力、奇跡をあらわす天与の力があり、またそうしたものに情緒的に帰依する武装コミュニティの群衆がいた。正成はカリスマ的権威をもつ男であった。このような戦士は軍事カリスマと呼ぶのがふさわしい（マックス・ウェーバー：一九五五年）。正成の軍事カリスマ性はまえに述べたように、六波羅が手をやく反抗の御家人をせん滅していらい、武家方を含む世人のなかに根を張っていたのである（新井孝重：二〇

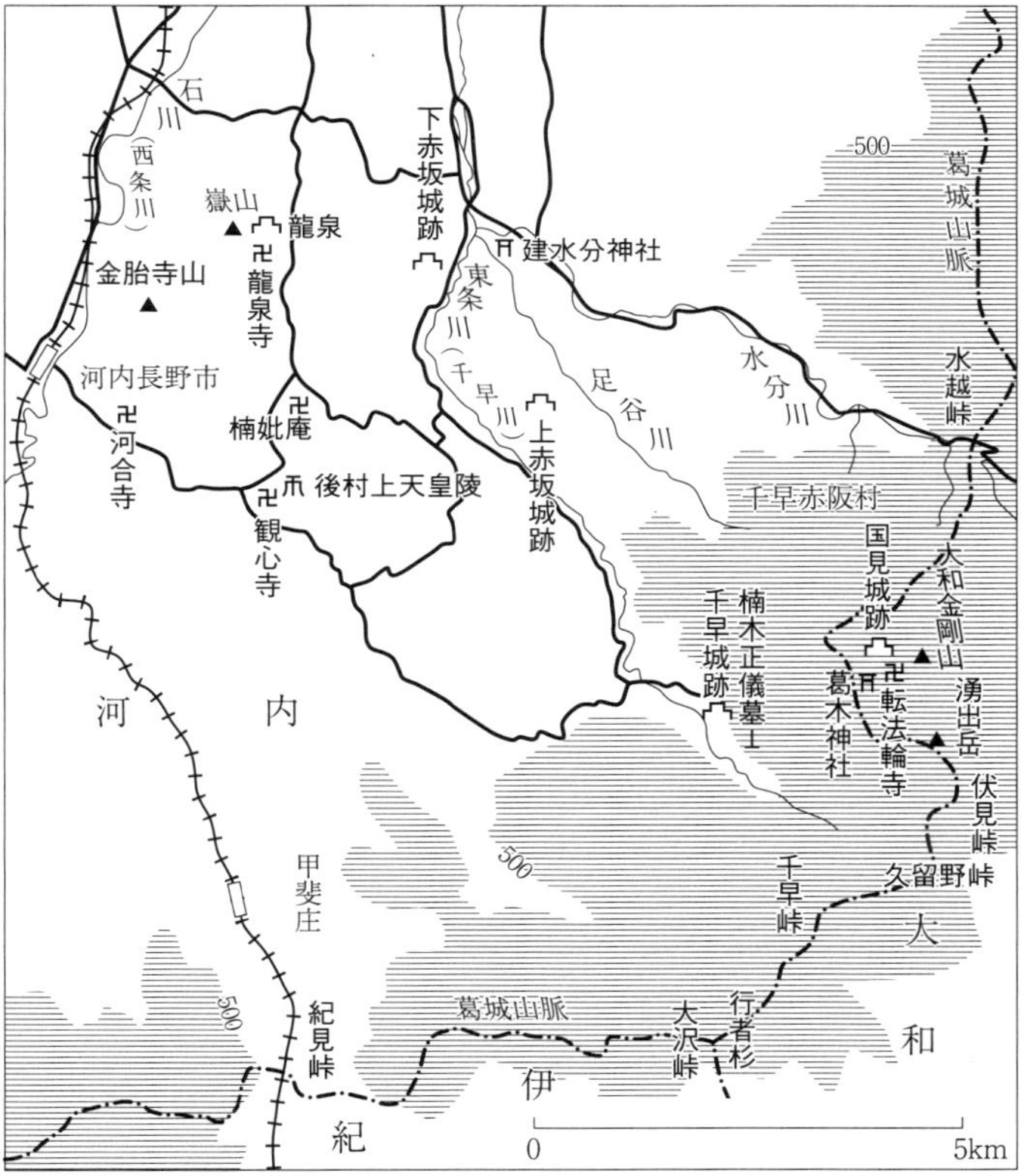

図 11　千早・赤坂近傍地図

〇三年)。だから赤坂籠城戦の剽悍《ひょうかん》な戦いと、かれが城から忽然《こつぜん》と消えたことに都の貴族は驚いた。そして元弘二年再度動き出すと、これに恐怖した。かれのうわさを聞いては、見えない力におびえ、禁裏御所の門番には鎧直垂《よろいひたたれ》を着せて防備をかため、楠木合戦鎮圧の祈禱修法にはげんだ。

楠木のこと、猶興盛に候か、昨日より門々の番衆ら鎧直垂を着して祗候《しこう》し候の間、子細を定め候かの由推量し候、只冥助《ただめいじょ》の外、憑《たの》む所なく候、関東武士も上洛遅々の間、かえすがえす怖畏《ふい》無きにしも非ず、熾盛光法《しせいこうほう》もっとも怱々《そうそう》、始行せらるべく候か、(正慶元年十二月十五日花園上皇書状、鎌遺四一・三一八九三号)

逃げた正成はどこに

楠木正成は網目の在地軍事力を駆使して、赤坂へ押し寄せた関東軍勢の出鼻をくじいた。そのごも寄せ手が外塀にとりつけば、その塀を倒して兵を押しつぶす、あるいは大木大石を投げかける。さらに東八ヵ国のメンツにこだわる関東軍勢が手に手に持楯《もったて》をかざして、空堀下まで猛り狂って押し寄せれば、うえから熱湯をぶっかける。兜《かぶと》の天辺《てへん》や綿がみの隙間から、熱湯が鎧《よろい》の内側にしみわたり、武者の全身は大やけどだ。

もとをただせば正成は、おのれ自身が鎌倉の御家人・得宗被官人であった。だからかえって、寄せ手の東国御家人が思いもつかぬ戦法を考え出すことができ、散々に悩まし痛めつけることができたのである。だが、その間に(元弘元年九月二十八日)肝心の後醍醐天皇が敵の手に落ちてしまった。そのうえ籠城二十数日で兵粮も尽きた。こうなると一族の全滅を賭してまで、この城で戦う必要はない。正成は城内に大穴を掘り、そこに死んだ敵兵を二、三〇も入れて、城もろともに火を放ち、篠突《しの》く雨にまぎれて逃げ出した。自害自焼したように見せかけて、かれは深い夜の闇に消えたのである。

楠木正成が赤坂城を焼いて姿を消したのは、元弘元年（元徳三・一三三一）十月二十一日のことで（武家年代記裏書）、そのあとかれがどこへ行って何をしていたかは杳《よう》としてわからない。しかし正成の行動について、考えられる材料がないわけではない。ひとつはすでに述べたように楠木攻撃の関東軍勢が三つの進路をとって河内赤坂方面に向かったことだが、じつはもう一手の軍勢が伊賀国へむかっていたのである。

関東軍勢が伊賀にむかったのには、それなりの理由があった。というのは前にすこし述べたように、伊賀国が楠木正成の勢力圏であったからである。この国の北部には服部氏という在地武士の一族が住んでいた。そのなかの有力御家人であった服部《はっとり》持法《じほう》は、黒田荘の悪党取り締まりを六波羅から命ぜられたが、検断の執行をサボりつづけ、ついにはみずからが名誉の悪党張本となっている。

そうした反体制派一族に属した家に上嶋家があった。上嶋家は河内国の楠木氏と通婚で結ばれていたのである。上嶋家の系図によると、有名な猿楽者観阿弥《さるがくしゃかんあみ》は同家の出身であった。そしてその母親が河内国の摂関家領玉櫛荘《たまぐし》に住む橘入道正遠なるものを父にしていたというのである。橘正遠というのは正成の父である、とする文献もある（尊卑分脈）。楠木氏を橘姓とするのは先に述べたように怪しいから、そのことを差し引きたいが、それにしても、正遠が正成の父であるというのは興味深い。

一寸《ちょっと》小説のように話ができすぎているが、上嶋家系図はその記載のしかたと内容において、具体的かつ正確で十分に信頼にたるという（久保文武：一九五七年十一月号、同：一九八六年）。こうした通婚関係以外にも、伊賀国を楠木氏の勢力圏と思わせるものは他にもある。

南北朝時代の伊賀国はことさらつよい南朝の支配下にあり、*南伊賀名張《なばり》の地侍（山口八郎兵衛尉）は楠木が住んだ河内玉櫛荘（楠木氏の数ある住宅所在地のひとつだろう）に晩年移り住んでいる（杉谷神社蔵北野天神縁起絵巻奥書、久保前掲書）。このことも伊賀国が楠木氏とただならぬ関係にあったことを思わせるに十分といえよう。要するに、伊賀国は悪党時代に結ばれた楠木氏との関係から、敵の手から逃れ、そして再挙の準備をする場所としてふさわしく、赤坂城没落後の正成が身を隠すには、まことに都合がよいところであった。

＊　伊賀国黒田荘の矢川村南端の鹿高《かだか》神社（加陀賀明神）には南朝年号正平八年（一三五三）の年紀が刻まれた胴部四角柱の燈籠がある（新井孝重：二〇〇五年、二三九頁写真掲載）。この年足利の内訌のすきをついて、ひさしぶりに南朝軍が京都を奪い返しているから、これに気を良くした南党地侍が記念に造立したものだろう。南朝年号の燈籠の存在は伊賀がことさら南朝のつよい勢力下におかれていたことをしめしている。また、後醍醐天皇が笠置山に籠ったとき、『太平記』（巻第三「笠置軍事付陶山小見山夜討事」）によれば、伊賀の兵が伊勢の者たちと一緒に、一〇〇〇余人馳参して追手《おおて》正面をかためている。伊賀の武装民・悪党・非人法師には宮方と通じるものが多くいたのであって、この点も楠木氏通婚と関連づけることができる。

修験山伏にたすけられ

つぎにもうひとつ、赤坂没落後の正成の行動を考えるのに、この時代の貴賤上下の隅々に浸透した真言密教は重要だ。和泉国若松荘の係争にみられたように、正成は真言僧道祐《どうゆう》の許《もと》にあって、道祐の代官として荘内の土地管理にあたっていた。道祐は文観から付法をうけた真言密教僧で、のちに後醍醐政権のもとで醍醐寺座主《ざす》となり、また東寺二長者《にのちょうじゃ》にまでのぼった僧侶である。密教に傾倒する後醍醐天皇は文観とその弟子筋の道祐を厚く信頼し、かれらもまた後醍醐の権力安泰、敵戦力覆滅を祈って人生をまっとうした。

おそらく正成は道祐を介して文観につながり、さらに後醍醐天皇へと結びついていったと思われる。この点で楠木氏の周辺には、真言密教の振鈴《しんれい》が聞こえてきそうな雰囲気がただよう。真言密教はその周縁では、道教や神仙術と融合し、修験《しゅげん》密教として裾野を広げていた。畿内の民間武装民は生産と生活の関連から、たとえば鍛冶《かじ》・鋳物師《いもじ》、辰砂《しんしゃ》（水銀）採掘・医療、芸能・呪術、そして忍びと戦闘などの関連から、修験とふかくかかわっていた。

中世の鍛冶や鋳物師が信仰する神は、その姿を図にあらわせば、岩窟を背景に、真ん中に白衣に緋の袴の女神が立ち、脇には赤顔天狗鼻の男神が座って鏨《たがね》と鎚《つち》と斧をもっていた。こうした神の信仰は山伏修験信仰と密接に結びついていたという。また鉱山採掘の部面でも、山を修行の場とする山伏が鉱脈を知っていたから、修験はふかい関係を有していた。医療や芸能も悪魔祓いを基調とするから、呪法・反閉《へんばい》（邪気を閉じこめる結界鎮壇の行法《ぎょうほう》）・呪師《すし》走《はし》り（法会のあとの敏速な舞）などの所作にみられるように、修験と緊密に関係しており、また「忍び」の術では、戦闘にさいして九字（臨兵闘者皆陣列在前）を切り、隠形の印をむすんでは「オン・マリシ・エイ・ソワカ」と真言の呪（摩利支天《まりしてん》の加護をこう呪文）をとなえるなど、ここでも修験と不可分の関係にあった。

そしてその修験信仰は、葛城山・金剛山をはじめ、吉野山、伊賀の赤目《あかめ》まで、畿内の山岳のいたるところに山伏のネットワークを張りめぐらしていた。正成が千早に籠城したのも、そこが地勢的に天嶮の要害であったからだけではない。金剛山の主峰（転法輪寺）に連なるこの場所が修験山伏の行場であって、かれらのネットワークとつながっていたのがおおきい。千早の城郭が山の高いところにありながら、水の便を確保していたのも、そこが山伏の行場で山伏だけが知る水場があったからだ。

楠木は元来勇気智謀相兼《あいかね》たる者たりければ、此城《このしろ》を拵《こしら》へける始《はじめ》、用水の便《たより》をみるに、五所の秘水とて、峯通る山伏の、秘して汲む水此の峯に有て、滴《したた》る事一夜に五斛計《ごこくばかり》也、此《こ》の水いかなる旱《ひでり》にも、ひる事なければ、如形《かたちのごとく》人の口中を濡《うるお》さん事相違あるまじけれ共、（太平記巻第七「千劒破城軍事」）

また、山伏のネットワークにたすけられ、正成は護良親王と連絡をとることができ、畿内一円を縦横に動き、再挙の準備を進めることができたと考えられるのである。

鎮圧はされたが、火種は残す

笠置が落ちて、後醍醐は

元弘元年（元徳三・一三三一）九月二十八日、笠置山は六波羅軍勢の手に落ちた。この城は「山高《たかく》して一片《いっぺん》の白雲峯《みね》を埋《うづ》み、谷深《ふかく》して万仭《ばんじん》の青岩路《せいがんみち》を遮《さえぎ》る、攀折《つづらおり》なる道を廻《まわっ》て揚《あが》る事十八町、岩を切て堀とし、石を畳《たとう》で屏《へい》と」する山岳寺院で、登るだけでも大変な要害であった（太平記巻第三「笠置軍事付陶山小見山夜討事」）。このため畿内・東海・山陰の兵を動員して包囲はしたものの、攻略するのに困難をきわめた。

六波羅軍勢は全軍総がかりで狭い山道を登って仁王門まで押し寄せたが、そこから上は城兵が矢倉《やぐら》を組み、楯を突き並べて防備をかためている。このために前進することができない。尾張国の武士荒尾《あらお》九郎・同弥五郎は城兵の三河国住人足助重範《あすけしげのり》の強弓にたおされた。まず九郎は十三束三伏《じゅうさんぞくみつぶせ》の矢（十三握りと指三本の長さを持つ矢、大和鍛冶の鏃《やじり》装着）を、鎧栴《せん》檀板《だんのいた》に深々と射《う》ち込まれ絶命した。舎弟弥五郎は兜の真っ向、金物の上二寸ばかりのところを金磁《かなじ》頭《とう》で射くだかれ、眉間の真ん中に突き立てられて即死した。*

城攻めは手詰まりの状態となり、全軍遠巻きにして時間だけがすぎてゆく。この局面を打開したのが備中国住人の陶山義高《すやまよしたか》と小見山《こみやま》次郎某による夜討であった。一発功名をねらうかれら五〇余名の者たちは、太刀を背負い、刀をうしろに差して、風雨の激しい夜、闇のなか絶壁の岩場をよじ登った。上までのぼって城内に入ると、かれらは内部の様子をすべて見たうえで本陣に火をかけた。

籠城の兵は天子から恃《たの》みとされ、「武家」敵対・反権力の気分は旺盛であったが、政治イデオロギーで武装されていない。また頑強な組織性をもたないため、分が悪くなって負けるときは脱兎のごとく四散した。後醍醐天皇と廷臣たちは徒歩《かち》裸足《はだし》のていで城をぬけだし、なれぬ歩行で足を引きずり、人も通わぬ野原の露に濡《ぬ》れながらさまよった。そのあげく十月二十九日、南山城多賀郷の有王山《ありおうさん》ふもとで、鎌倉方武士にとらえられた。いったん光明山寺に身柄を拘置され、そこから平等院へ移され、さらにたくさんの鎧武者に打ち囲

図12　山中をさまよう後醍醐天皇（太平記絵巻）

まれて京都へ送られた。それから六波羅南方探題の宿所に入れられた。

後醍醐天皇が身柄を拘束されたときは、冠はどこかに落としてしまい、髻《もとどり》の結《ゆ》い紐《ひも》はきれて乱髪となり、小袖《こそで》一枚、帷子《かたびら》（下着の衣）一枚という、ほとんど裸にちかい姿であった。これを聞いた京都朝廷はすぐさま、内裏《だいり》に留め置かれた服と冠を後醍醐のもとへ遣わした。かねてから後醍醐の政治行動に危惧を抱いていた花園上皇は、その浅ましい姿を想いうかべて、「王家の恥」「一朝の恥辱」と口を極めて非難している（花園院宸記元弘元年十月一日条）。

しかし、後醍醐天皇はいたって元気だ。自分がおかれている立場を認識できていなかったのか、それとも生来の性質であったのか、他人の理解をこえる一面をのぞかせている。笠置挙兵の天皇「謀反」が失敗し、自分は囚われの身となり、朝廷では持明院統《じみょういん》から量仁《かずひと》親王が、花園上皇の院宣を以て天皇の位についていた（光厳《こうごん》天皇）。にもかかわらず、後醍醐は神器《じんぎ》の引き渡しを拒んだばかりか、公卿が面会に行くと、この間のことはすべて天魔の仕業だ、だから「寛宥《かんゆう》の沙汰」とするよう武家にいえ、と命じたという（花園院宸記元弘元年十月八日条）。

＊　鎌倉末期となり悪党合戦が常態化するにつれ、武器武具の構造と機能が大きく変わり、殺傷力が飛躍的にたかまった。足助重範の弓は三人張の強弓《つよゆみ》であったという。三人がかりでなければ弦を張ることのできないほどの強弓は、「三枚打の弓」ともいわれるもので、これは木に竹をサンドイッチして作った合成弓である（森俊男：一九八九年）。発射力は従来の丸木弓や伏竹弓より格段に強く、これに使用される鏃の先がなまくらであれば、二重に着こむことの多い甲冑《かっちゅう》を突き抜けることができず、鏃じたいが砕けてしまう。これにたえられるように、鏃は刀鍛冶によって入念に鍛造されねばならなかった。金磁頭は鏑《かぶら》のような形の鉄塊の鏃で、おもに楯板を砕破するのに使用した。

「笠置」後、鎌倉の処理は

鎌倉幕府は後醍醐天皇が公然と討幕を叫んで挙兵した以上、正中の陰謀事件のように曖昧な処理ですますわけにはいかなかった。しなければならぬことがらは、①量仁のあとの東宮をいそぎ立てること、②このたびの挙兵にかかわったものを処分することの二点であった。①については、積年の持明院統と大覚寺統の争いのすえに、大覚寺統後醍醐の挙兵ということになったのであるから、これを機に大覚寺統をつぶし、持明院統をもって一系に復すことは、鎌倉にとってできないことではなかった。

しかしこの点で、鎌倉の方針はすこぶる理性的であり、かつまた公平であった。元弘元年十一月笠置赤坂の討手の軍勢、ならびに両使が鎌倉に下着すると、その日にこんどは「京方の輩」を沙汰（後醍醐派を処分）するため、長井《ながい》高冬《たかふゆ》と信濃入道（太田《おおた》時連《ときつら》）が使節となって上洛した。そしてただちに前坊《ぜんぼう》邦良の第一宮康仁《やすひと》親王を東宮に立てたのである（北条九代記）。持明院統としては光厳天皇の子を東宮にと期待したが、幕府はあくまで両統迭立のルールにのっとって事を処理したわけだ。

これまでの研究によれば、このような処理の背景には、これ以上大覚寺統の反幕感情は高めたくない、少しでもやわらげたい、という鎌倉の本音があったといわれている（植村清二：一九六二年）。妥当な理解であると思う。しかし②については承久の乱のときを前例にして、厳しい態度でのぞんだ。まず挙兵の張本である先帝後醍醐を元弘二年（一三三二）三月隠岐へうつした。左中将一条行房《ゆきふさ》、前少将千種忠顕《ただあき》と女房二人がつきしたがい、千葉貞胤《さだたね》以下数百の武士が後醍醐の前後左右をかためて護送した（続史愚抄）。

子の一宮尊良《たかよし》と妙法院宮尊澄《そんちょう》は、一日おいて三月八日、それぞれの配所へ向けて遠流の途についた。このほか公家廷臣については、元弘元年（元徳三・一三三一）十月の段階で主だったものを解官と決め、翌二年（正慶元・一三三二）の五月から六月にかけて、日野資朝を佐渡で斬り、同俊基を鎌倉に刑した。また北畠具行《ともゆき》（親房の従祖父・師行の子）は鎌倉護送の途次に近江柏原《かしわばら》で、さらに平成輔《なりすけ》は相模早川尻で刑した。このほか僧もまじえ八名を遠島遠流に処した（太平記、続史愚抄、花園院宸記）。

京都洛中の不穏の空気

笠置・赤坂が落城した後の討幕派の様子はどうだったか。元弘二年（正慶元・一三三二）二月、先帝後醍醐を隠岐に遷したあとは、討幕派は名分を失った格好となり、政治反乱の気運は霧散したようだ。しかしそのことがただちに討幕戦を収束に向かわせることにはならなかった。それはどういうことかというと、一時的に反乱の中心メンバーを捕え、あるいは反抗の城郭をつぶしても、戦力である民間武装民、地侍・悪党・野伏から非人法師にいたる大衆は、そのまま存在しており、反抗運動の社会基盤はなにも変わっていなかったのである。

後醍醐天皇を捕縛すれば世の中は落ち着くはずであったが、そうはいかず、京中においてすら「所々の悪党、猶いまだ静謐ならず」といわれ、長講堂の法事に参列するにも、公家貴族は武家に警護をたのみ、それでも夜になると帰宅の道が恐ろしく、法事終了まえの明るいうちに席を立たねばならなかった（花園院宸記元弘元年十一月十六日条）。その後もかれらは「世間静かならざるにより」外出できる状態ではなかった（同宸記元弘二年二月十七日・同年三月三日条）。大衆の反抗は衰えず、むしろそのうねりが高まっていたことを知る。

こうした空気が充満していれば、こんどは都市に政治反乱の火はつけやすい。討幕戦力をたばねる大塔宮護良《おおとうのみやもりよし》・楠木正成らは、畿南山野での合戦から、いったんは地下に潜伏したが、やがて都市京都（六波羅権力の中枢）に活動の目標をうつす。治安攪乱その他の工作に転ずることになった。護良は元弘二年（正慶元・一三三二）のはじめ、先帝奪還をこころみたらしく、この年の一月十七日夜には、不穏なうわさが乱れ飛んだ。

夜に入りて世間物騒の由《よし》を聞く、これ先帝が逃脱せしめたもうと云々、亥《い》の刻（午後十時ころ）ばかりに、門々の番衆ら警衛して諸門を閉ずると云々、子《ね》の刻（真夜中十二時ころ）ばかりに門々を開く、無為《むい》の由風聞《ふうぶん》す、もとより巷説《こうせつ》にして慥《たしか》ならず、これ不実と云々、但し風聞の説には、隠所よりひそかに逃脱せしめたもう、しかるに程な

く之を求め出だす、よって不実の由を披露すると云々、（花園院宸記元弘二年正月十七日条）

右の史料によれば、じっさいに先帝は逃脱したが、ほどなくして身柄は確保され、そのうえで何事もなかった、と六波羅によって公式発表されたようである。先帝奪還の計画を実行したのは、護良の腹心である殿法印良忠《とののほういんりょうちゅう》であった。かれは後醍醐天皇を拘禁する六波羅探題の絵図を持ち歩き機をうかがっていたが、大炊御門油小路《おおいのみかどあぶらのこうじ》の篝屋武士の手に捕えられ、六波羅に引き出された。

取り調べ人から企ての軽率を非難されると、良忠は「叡慮《えいりょ》（帝の気持ち）に代わって、玉体を奪い奉らんとすることは、どうして恐れ多いことか、無道のものを誅さんために、陰謀を企てることは、ぜんぜん軽率なことではない」と傲然と言ってのけたという（太平記巻第四「笠置囚人死罪流刑事付藤房卿事」）。

姿をあらわす討幕軍勢

護良の活動、都市治安の攪乱

大塔宮護良親王自身は、後醍醐天皇が挙兵に失敗して配流されたあと、どこでなにをしていたのだろうか。社会の表だった部分は鎌倉権力によって完全制圧されたのであるから、とうぜん地下潜伏を余儀なくされたはずである。潜伏する護良の動きは、当時さえ分からないのだから、今のわたしたちに判るはずはないが、おそらくいまに残る史料を総合的にみると、紀伊半島の十津川あたりから、京都への工作をはじめ、さまざまな活動を諸方面に向けて展開していたのだろう。

大塔宮護良は「熊野におはしましけるが、大峯をつたひて、忍び〳〵吉野にも高野にもおはしまし通ひつつ、さりぬべきくまぐまには、よく紛れものしたまひて」（増鏡第十九「久米のさら山」）、あちこちに出没し、政治工作に明け暮れていた。「いつ習はせ給ひたる御事ならねども、怪しげなる単皮《たび》脚巾《はばき》草鞋《わらんじ》を召して、少しも草臥《くたびれ》たる御景色もなく」（太平記巻第五「大塔宮熊野落事」）軽い足どりで山道を歩いていた。元弘二年（正慶元・一三三二）六月初旬には熊野山に姿をあらわし、援《たす》けをもとめている。そのとき彼が発した令旨が、熊野山別当から京都にもたらされた（花園院宸記元弘二年六月六日条）。

八月には四条隆貞が大塔宮護良の令旨を持って高野山にあらわれた。「当山の大衆を朝敵追罰の援兵に為さん」ことを要請してきたのである。ここでも熊野山と同様に、よい返事をとりつけることはできなかった。高野山大衆からは、兵革は僧のすることではない、とことわられた（高野春秋編年輯録巻第十）。熊野、高野など南方山岳地帯屈指の寺社勢力が与力しないとなると、護良としては京都（権力中枢）へのゲリラ的揺さぶりに向かわざるをえなかったはずだ。

元弘二年（正慶元・一三三二）六月七日には、なにやら京都の祇園御霊会《ぎおんごりようえ》が怪しくなっている。大塔宮護良は京都洛中に潜入して、なにかを画策していたのではなかったか。祭礼の群衆に紛れてことを起こそうとしていたようだ。正中の討幕陰謀に土岐や多治見が、北

図13　長刀を携える祇園祭礼の雑人（洛中洛外扇面屏風）

野祭礼の喧嘩沙汰を利用して探題を襲おうとしたが、それとおなじような作戦を護良は立てていたのかもしれない。

七日、乙巳、晴、今日祇園御霊会の鉾《ほこ》など、兵具《ひょうぐ》を停止《ちょうじ》すべきの由、武家が之を奏聞《そうもん》す、すなわち勅答を仰がれ、今日鉾などみな以て無音、ただ鼓を叩くばかりなり、これまた武家が相触れる故に、音を出さずと云々、（花園院宸記元弘二年六月七日条）

祇園御霊会は異様な静けさに包まれていた。六波羅は群衆が御霊会につきものの兵具（鉾など）を携えるのをゆるさず、リズムのある音を出すのも禁じたから、通りではただ鼓をたたくばかりであった。人と神が交歓する祭りの場は、神経をたかぶらせる喧騒と、はげしいリズムが波打つ空間である。そのような祭りの非日常空間は、人びとに興奮と狂気と騒乱を引き起こすかもしれない。無軌道な感性が渦巻き、人びとに不満が高まっていれば、騒乱となって爆発する空間でもあるのだ。

この空間こそが大塔宮護良の都市ゲリラに好都合であることは、だれがみても明らかである。ならば六波羅が騒乱をあらかじめ防遏《ぼうあつ》するために、群衆の兵具を禁じ、ひとを酔わせるリズム音を禁ずるのは当然であった。厳戒態勢をとって祭りを押さえこんだ六波羅探題は、翌八日もその態勢を緩めなかった。街路を行き交う雑人たちの被り物をはぎ取り、大塔宮の発見に血眼となった。雑人たちは武士にくって掛《かか》ったからか、あちこちで喧嘩が起きたという。

八日、丙午、宣揚門院の御忌日、仏事例の如し、六条院には向かわず、世間静かならざるによるなり、大塔宮ら京中に隠居するの由風聞す、よって武家ら頸帽子（形状不明、叡山の僧徒がかぶっていたような目だけ出した覆面か）を禁遏すると云々、これにより所々に多く喧嘩と云々、（花園院宸記元弘二年六月条）

護良・正成、戦闘を再開する

大塔宮護良の活動は都市への揺さぶりだけではない。畿内周辺では鎌倉権力拠点にたいする攻撃となってあらわれた。都に不穏の空気がみなぎってから、そう時間がたたない元弘二年（正慶元・一三三二）六月なかごろ、紀伊の山岳武士竹原八郎が突然伊勢国にあらわれ、地頭らを多く誅戮《ちゅうりく》し、さらに守護代の宿所を焼き払った。事態の容易ならざるを覚《さと》った六波羅は、使者を伊勢国へ差遣して調査にあたらせた。それによれば熊野山より竹原が、大塔宮令旨を帯して、みずから大将軍をなのり襲来してきたのだという（花園院宸記元弘二年六月二十九日条）。

この事件のあとの動きは、とくに都へは伝えられていない。五ヵ月ぐらいは不気味な静けさがつづいた。そして十二月、こんどは楠木正成が再挙する。討幕の戦闘を開始したのである。しばらく行方をくらましていた正成は、忽然と武装集団となってあらわれ、地頭湯浅定仏《ゆあさじょうぶつ》を攻撃、これを降して赤坂城を奪還した（楠木合戦注文）。

『太平記』（巻第六「楠出張天王寺事付隅田高橋并宇都宮事」）によると、籠城する湯浅が紀伊国（阿弖河荘《あてがわ》）から兵粮を取り寄せようとしたとき、正成が途中でその兵粮俵を奪い、かわりに武器の詰まった俵を味方の運送人夫にはこばせ、城内で武器をとった味方の兵と楠木ら外の兵が謀じ合わせて、一気に城をせめ取ったのだという。

いったん表面にあらわれたからには、正成の行動には武力闘争いがいはない。中途半端にこれを止めるわけにはいかなかった。天下のおたずねもの正成は、戦闘をやめた瞬間、討滅されるいがいにはなかったのである。しかしかれの武力はまだ、おもての合戦に耐えるほどの軍勢ではなかった。たよりは赤坂のときと同様に、反幕・反権力の野伏・あぶれ武者であって、これを結集させるよりほかはない。浮遊する武装民を戦場に集めるには、なるべく世間の目をひく騒ぎを起こすのがよい。

突如疾風のような軍事行動を見せたかと思えば、ピタッと動きを止め、おのれの存在を見えなくしていた。楠木合戦は都の公家に大いなる不安を与えた。十二月二日朝廷は十二社奉幣を行い、天下の静謐を祈り（植村清二：一九六二年）、さらに熾盛光法《しじょうこうほう》の準備にとりかかる。しかしそれでもこの不安は打ち消せなかった。花園上皇は書状（宛所不明）で「楠木の事、その後聞こえ無き旨に候、不審に候」と、突然正成の動向がつかめなくなったことに、いい知れぬ不安を感じていた（鎌遺四一・三一九〇九号）。

ところで、正成が摂河泉に変幻自在の戦闘を開始したころ、大塔宮護良は十津川から吉野おもてに出てきていた。注目すべきはこのころに、楠木正成と大塔宮護良が明確に手を組んだことである。正成が展開する戦線は、護良の戦線と一体化したとみてよい。「大塔の宮、楠木正成などは、猶おなじ心にて、世を傾けむ謀《はかりごと》をのみめぐらす」（増鏡第十九

「久米のさら山」）といわれるのは、ひとつの戦線が形づくられたことを示す。つぎの書状はこうした正成と大塔宮の一体関係をよくみせている。

(a)　祈禱巻數賜り候いおわんぬ、種々の御祈念、返すがえす為悦《いえつ》に候、恐々謹言、

（元弘二年）十二月九日　　左衛門少尉正成（花押）

謹上　金剛寺三綱御返事

（鎌遺四一・三一九一七号・図版参照）

(b)　御巻數給わり候いおわんぬ、早く進覧せしむべく候、恐々謹言、

（元弘二年）十二月九日　　左衛門尉正成（花押）

謹上　金剛寺衆徒御返事

（鎌遺四一・三一九一六号）

これは金剛寺が戦勝祈願の祈禱を修し、どんなお経を何度読んだかの報告（巻数）を同寺から受け取った正成が、三綱（幹部僧侶）と衆徒にしたためた礼状である。(b)のなかの「早く進覧せしむべく候」というのは依頼者大塔宮護良様にお見せしましょう、という意味である。この段階の正成と大塔宮が一体化していたことを、ここでもあらわしている。

戦勝祈禱と京都攻撃作戦

金剛寺に戦勝祈禱を依頼したのは、京都へ向けての軍事作戦を成功させるためであった。楠木正成と大塔宮護良は元弘二年（正慶元・一三三二）十二月九日（金剛寺へ祈禱巻数返礼の

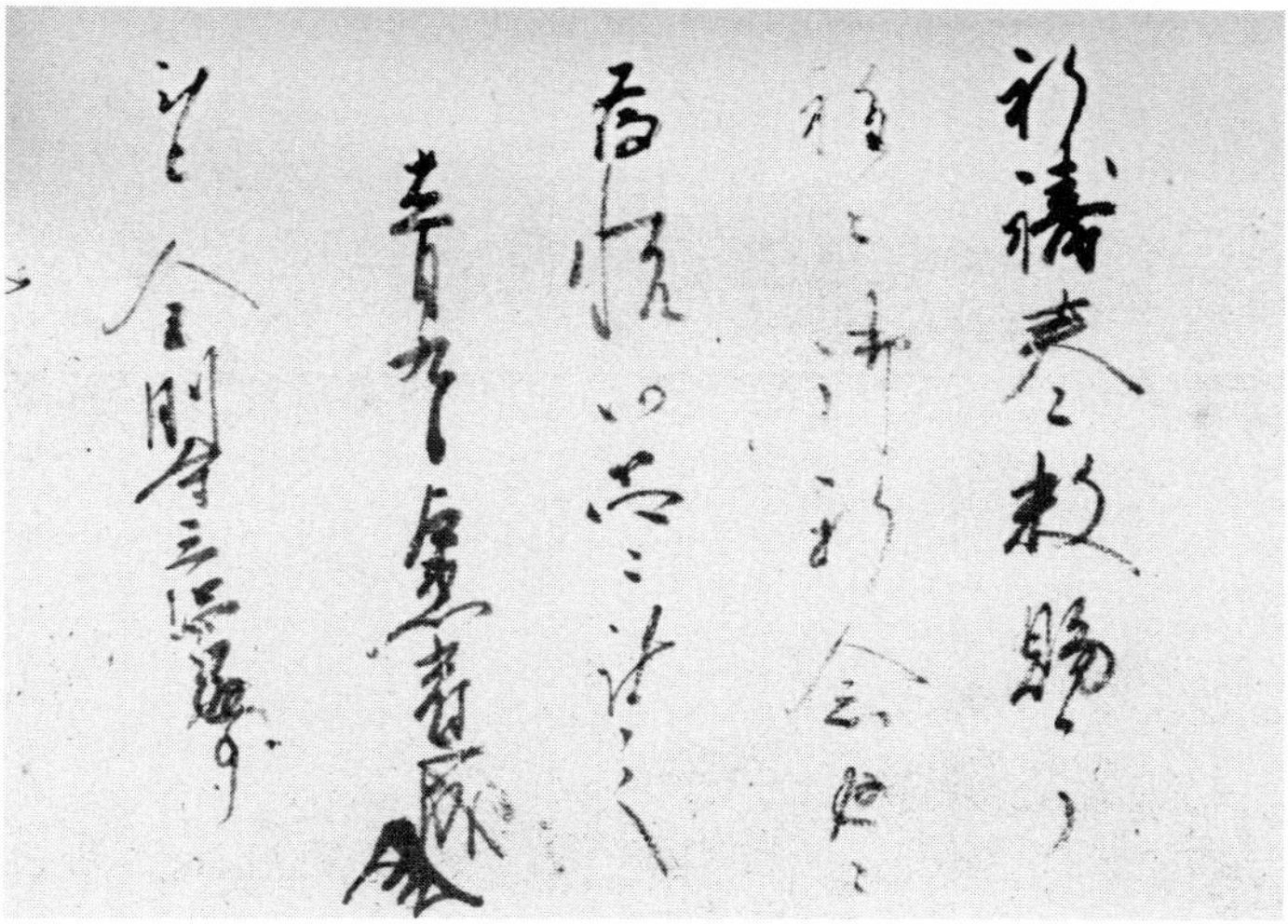

図14　楠木正成自筆書状

書状を書いた当日)、公然たる京都攻撃を敢行した。僧の日静は書状にその様子を記している(鎌遺四一・三二九二三号)。摂津国芥川に充満した「朝敵」(討幕反乱軍)は山崎にまで押し出し、そこから京都を攻撃した。ために「京中以ての外騒動し候」というありさまとなったが、宇都宮(公綱か)と赤松入道(円心)が反撃にでて、これを追い返し、さらに追撃した(なお、このときの赤松円心は、まだ六波羅の手勢であったことがわかる)。

追い落とされた討幕反乱軍は、忍頂寺《にんちょうじ》(芥川より西北四キロのところ、島下郡にある寺院)を城郭化してそこに楯籠ったが、宇都宮の軍勢に包囲され十五日に攻め落とされた。宇都宮は数多の首をもって京都に戻った。日静はこの事件を「これ、大塔殿の御所為に候なり」と伝えている。そしてまた京中では、処々にて日々「召し取られる人数、言語に及びがたく候」と報じている。

京都攻撃の主力が摂津・山崎方面から押し出した兵であれば、それは大塔宮配下の大和方面軍とは考えにくい。おそらくは植村清二が指摘するように（植村：一九六二年）、河内楠木の勢力下にある野伏・武装民兵であったと思われる。いっぽう京都市中には大塔宮の指揮下にある都市ゲリラが大量にはいりこんでいた。外から京都を攻撃するさい、あらかじめ別動隊として都市ゲリラを送りこむ作戦は、のちに赤松が京都を攻撃したとき（元弘三年・一三三三年）、はっきりみとめられる。『太平記』（巻第八「主上自令修金輪法給事付千種殿京合戦事」）は「但馬丹波の勢の中より、兼ねて京中に忍びて人を入れ置きたりける間、此彼《ここかしこ》に火を懸《か》けたり、折節《おりふし》辻風烈《はげし》く吹《ふい》て猛煙後《うしろ》に立覆《たちおお》ひければ……」とその様子を伝えている。

十二月九日の京都攻めは、金剛寺で祈禱するほどであるから、きわめて重要な軍事作戦であったのだろう。戦いは忍頂寺で多くの首をとられ、京中では毎日数えきれないほどの都市ゲリラが召し捕られる結果におわった。大量の人的犠牲をともなったのである。しかし戦略的にみると、この作戦はただちに失敗とはいえない。なぜなら、この間の事態の流れをふまえると、次の攻撃の大きなステップとなったことがうかがえるからである。

つまり楠木正成と大塔宮護良は、数ヵ月の雌伏の末にふたたび動きはじめたが、はじめは人心の攪乱と心理的動揺をねらう水面下での活動にとどまっていた。ところが十二月にはいり、この作戦をもってはじめて、楠木・大塔宮反乱勢力は公然たる軍勢となってあわれ、敵権力の拠点である京都を攻撃したのである。*京都攻撃がとりわけ六波羅の心胆を寒からしめたことは間違いない。これ以後の討幕反乱の大きなステップとなったことは充分にうかがえるのである。

＊ 鎌倉幕府はかねて畿南に蠢動する楠木と大塔宮を討伐すべく、京都攻撃作戦の前後に、畿内ならびにその近国、そして中国地方の地頭御家人を参洛させている（隅田一族中宛六波羅御教書、熊谷直氏宛関東御教書、日根野盛治宛関東御教書がのこされている。鎌遺四一・三一九一一号、三一九一五号、三一九三三号）。一連の地頭御家人動員がみられるのは、この時期楠木正成と大塔宮護良の活動が、にわかに活発の度をくわえ、幕府がこれに備えようとした表れである。しかしそうした備えにもかかわらず、討幕反乱勢力の京都攻撃をゆるしたのは、鎌倉にとっては政治的にもおおきな打撃であった。

第四章　西鳥来たりて東魚を食らう

平場に弱い野伏兵力

まずは河内・和泉の制圧を

元弘二年（正慶元・一三三二）の冬、十二月九日の京都攻撃を嚆矢にして、討幕反乱勢力の本格的軍事攻勢がはじまった。ひそかに還俗して護良《もりよし》と名をかえた大塔宮《おおとうのみや》は、さかんに令旨《りょうじ》を諸方にくだし諸国の軍勢をかり催した（続史愚抄）。楠木正成は金剛山の支脈に城郭千早城を築き、年が明けるとそこを根城に河内・和泉を管制下において、幕府からの鎮圧攻勢にそなえた。十二月中頃から翌元弘三年（正慶二）正月中頃までの正成は、河内国の根拠地づくりに力を傾注した。

ところで十二月の上旬、楠木が赤坂城に駐屯する湯浅定仏《ゆあさじょうぶつ》を急襲してくだしたことは先に述べたが、そのとき一緒に捕虜となった者たちを調べると、安田(保田=湯浅)、阿弖河《あてがわ》(湯浅定仏)、藤並、石垣、生地(恩智)、糸賀野らすべて紀伊国の住人であった(楠木合戦注文)。元亨二年(一三二二)保田荘司討伐いらいの宿怨か、紀伊国の武士が正成にたいして、ことさらつよい敵意を抱いて河内国に入っていたことがわかる。

このため赤坂城奪還のあと、楠木正成はなおも紀伊方面に注意の目をそそぎ、すきをみては敵対勢力を討ち平らげる必要があった。十二月十九日、国境を越えて紀伊国にはいり隅田荘《すだのしょう》を襲い、在地の御家人隅田の一党となんども戦闘をまじえたのは、こうした事情からであった。しかし正成は逆に多くの損害をこうむった。楠木勢は数十人討ち取られた。これを伝えるのが左の史料である。

(端裏書)「感状《かんじょう》　正慶元」

楠木兵衛尉正成の事、隅田庄に押し寄せるの時、度々合戦におよび、数十人の凶徒を討ちとめると云々、ことに神妙なり、仍って執達《しったつ》くだんの如し、

正慶元年十二月十九日　　左近将監(北条時益)(花押)

越後守(北条仲時)(花押)

隅田一族中

(隅田家文書、『和歌山県史』中世史料一、三〇号)

これに勢いづいたのだろうか、元弘三年（正慶二・一三三三）正月五日、こんどは紀伊の武装民がふたたび河内国にはいった。このときは楠木軍勢が甲斐荘天見《かいのしょうあまみ》で迎えうち、紀見《きみ》峠をこえた紀伊国御家人井上入道、上《じょう》入道、山井五郎以下五〇余人を討ちとった（楠木合戦注文）。この一戦は楠木正成が紀伊国を押さえるうえで大きな意味をもった。これまで態度があいまいであった、紀州屈指の武力を誇る粉川寺《こがわでら》が、大塔宮護良の令旨に応え、宮に与《くみ》する立場を明らかにした（鎌遺四一・三二九六一号）。これは楠木軍事力の優位がつくりだした紀ノ川流域のあらたな政治環境によるものだった。

紀の川流域を押さえた正成は、つぎに河内中部へと地盤を固めていった。元弘三年（正慶二・一三三三）正月十四日、かれは丹南にすすみ河内守護代を追い落とし、丹下、池尻、花田あたりの地頭俣野らを駆逐、さらに和泉方面の田代、品川、成田以下の地頭御家人をたいらげた。そして翌十五日には和泉国御家人当器《とうき》左衛門尉《さえもんのじょう》や中田の地頭、橘上の地頭代らを逐った。当器らは楠木勢の変幻自在ですばしっこい軍事行動にあわて、なすすべもなく自ら宿所に火を放って逃亡した（楠木合戦注文）。

おなじころ楠木正成は、磯長太子廟《しながたいしびょう》（叡福寺）に軍勢を繰り出して、鎌倉方の軍兵（尾藤弾左衛門尉なる東使の兵か、鎌遺四一・三二九一一号）と戦っている。太子廟は河内・大和国境（竹之内峠）の西麓にある太子信仰の霊場である。ここを足場にする正成は、大和から河内へ侵入しようとする敵と、峠を挟んで押したり引いたりして戦っていた。『増鏡』（第十九「久米のさら山」）によれば、正成は聖徳太子の御墓の前を「軍《いくさ》のその」（戦庭）にして、出でては戦い、駆けては退き、寄せたり返したり、と潮が満ち引きするようであったという。そうして年は暮れていき、春（新年）になったら大きな合戦があるだろうと、ひとは噂をしあい、実に気味の悪い世のありさまであったという。

一連の軍事行動のねらいは、ひとつには敵対勢力を一掃して味方の兵力を増強することにあり、もうひとつは来たるべき鎌倉軍勢との戦争にそなえ、兵粮を準備することにあった。元弘三年（正慶二・一三三三）二月、上赤坂城を攻める鎌倉の兵が、「楠、此の一両年が間、和泉河内を管領して、若干《そくばく》の（おおくの）兵粮を取り入れて候なれば、兵粮も左右なく尽き候まじ」といっているのは（太平記巻第六「赤坂合戦事付人見本間抜懸事」）、このことの一端を伝えている。*

＊　和泉国臨川寺領若松荘（世良親王遺領）についてはまえに補注で述べたが、正成は道祐《どうゆう》の代官として若松荘の係争地を実力占拠していた。だが、笠置・赤坂挙兵のため、正成占拠地は謀反人跡として、守護代が没収し鎌倉方が知行した。この地は正成の重要な兵粮源であったはずであるから、この軍事行動のなか

で正成が取り戻したことは大いに考えられる。

苦戦する四天王寺攻防戦

元弘三年(正慶二・一三三三)正月、河内・和泉を制圧した楠木勢は、摂津国四天王寺方面に進出した。四天王寺は難波津にちかく瀬戸内と京を結ぶ交通の要衝である。そこに正成あらわれる、の報に接した六波羅は、ただちに手持ちの在京兵力を現地へ派遣した。両六波羅探題(南方・北条時益、北方・北条仲時)代官竹井と有賀、六波羅の政治幹部、そして一条東洞院、五条東洞院、春日朱雀、四条大宮、四条堀川(富樫某)、姉小路西洞院、春日東洞院、春日大宮などに点在する篝屋《かがりや》武士、在京人の水谷、中条、厳島神主、芥川、その他の地頭御家人からなる部隊であった。

かれらは四天王寺が長期の戦場になると見越したのか、到着するなりそこに城郭をかまえ戦闘にそなえた。正月二十日午前十時ころ、そこへ大将軍四条少将隆貞《たかさだ》の楠木軍勢が押し寄せた。軍勢の正規兵は五〇〇余騎、それ以外に大量の雑兵がいた。合戦は午前十時から夜八時、さらに夜十時におよび、六波羅軍勢は疲労困憊のすえに渡辺方面に退却した。これを追撃した楠木勢は六波羅勢を「多く以て誅」し、のこりを京都へ潰走せしめた(後光明照院関白記元弘三年正月二十日条)。渡辺に攻めむかった楠木勢は、そこで米を少々押し取ったという（楠木合戦注文）。

『太平記』（巻第六「楠出張天王寺事付隅田高橋并宇都宮事」）では渡辺橋の対岸に控える二、三〇〇〇の楠木勢は、みな痩せ馬・縄手綱の武者どもで、これをみた六波羅軍勢は「されば こそ和泉河内の勢の分際《ぶんざい》、さこそ有らめと思うに合せて（和泉河内の軍勢の程度は、どうせそんなものだろうと思った通りで）、はかばかしき敵は一人も無りけり、此《こ》の奴原《やつばら》を一々に召し取って、六条河原に切り懸て、六波羅殿の御感《ぎょかん》に預からん」、といっせいに攻めかかった。ところがこのルンペン溢武者《あぶれむしゃ》は囮《おとり》であって、これを追って深追いしすぎた六波羅軍勢は、突如三方からあらわれた伏兵《ふくへい》の攻撃をうけて総崩れになったという。

討伐軍の敗北を知った六波羅は、ただちに鎌倉武士の精鋭・宇都宮公綱を摂津へくだした。元弘三年（正慶二・一三三三）正月二十二日のことである。「関東を罷《まか》り出《いで》し始めより、かようの御大事に逢《おう》て、命を軽くせんことを存じ候き」と思い定めた宇都宮は、わずかの手勢を引き連れて下向していった。これを知った楠木正成は、「坂東《ばんどう》一の弓矢取り」宇都宮の覚悟と気迫を恐れ、部下が「敵は機を失って小勢《こぜい》なり、……何ほどの事か候べき」というのを、「小勢を見ては畏《おそ》れよ」と戒め、しずかに撤退したという（太平記巻第六「楠出張天王寺事付隅田高橋并宇都宮事」）。

図15　熏韋包腹巻（伝・正成の臣恩地左近所用）
全体を熏韋（ふすべかわ）で包んだきわめて実戦的な腹巻である。熏韋は鹿鞣韋（しかなめしがわ）を筒にまきつけ、松葉を燃してそのうえで回転させ熏べたもので、水にぬれてもこわばらず強靭な耐久性をもつ。

楠木軍勢の主力は民間の武装民と百姓地下人《じげにん》などの細民である。長時間にわたって全軍を平地にさらすのは明らかに不利であった。山岳や茂みに身を隠して敵をおそう野伏戦《のぶせりいくさ》は上手《うま》いが、平地の合戦では鎌倉武士にかなわないのである。貧弱な装備で戦闘技術をもたない彼らは、騎上弓射に練達した大鎧《おおよろい》の鎌倉武士には歯が立たなかった。

「多年稽古《けいこ》の犬笠懸《いぬかさがけ》、いまの用に立てざれば、いつをか期すべし」（太平記巻第八「四月三日合戦事付妻鹿孫三郎勇力事」）、と鎧の武者どもは馬を「懸け違い懸け違い」疾駆させ、逃げる徒歩の楠木勢・雑兵《ぞうひょう》を弓手《ゆんで》（左方）にうけ、つぎつぎと追物射で射殺《いころ》したはずである。

図16　馬上弓射の鎧武者

だから初回の楠木が勝ったとはいえ、『太平記』にみえるように、隅田《すだ》・高橋を総崩れさせた快勝ではない。やっとのことで六波羅軍勢をおしかえした、というのが実相である。そのつぎに宇都宮の騎馬軍勢がくるとなれば、とうてい平場の合戦に勝ち目はない、と楠木は判断したのである。

楠木の撤退を知った京都の公家は「宇都宮行き向かうの間、楠木丸すでに退きおわんぬ、仍って世間は安堵す」と胸をなでおろした（後光明照院関白記元弘三年正月二十二日条）。しかし『太平記』（巻第六「楠出張天王寺事付隅田高橋并宇都宮事」）によれば、そのご正成は生駒の山に遠篝火《とおかがりび》を連日焚いて軍勢充満をよそおい、すこしずつその包囲を狭め、宇都宮を神経的に疲労させ、ついには一戦もまじえずに撤退させた。

幕府軍、満を持しての攻撃態勢

天王寺合戦はけっして快勝ではなかったが、六波羅軍勢(鎌倉正規軍)と互角に戦い、これを押し返し退却させた事実は大きい。楠木軍は精鋭の甲騎兵のまえに白昼まる一日自軍をさらし、なおも六波羅に負けなかったのである。

この意味で、この合戦は充分に天下の耳目をあつめた。諸国の兵は「招かざるに馳せ加わ」ってきた(太平記巻第六「正成天王寺未来記披見事」)から、楠木正成は浮遊する武装民(諸国の兵)を集めるのに成功したわけである。在地大衆の反逆気分はひとを正成の軍勢におもむかせた。そしてこのとき、武装大衆を飲みこんだ楠木軍勢は、爆発的に膨張し力をつよめたのである。

だが事態の深刻さをさとった鎌倉幕府のほうも、討幕反乱勢力にたいしてみせた軍事攻勢は半端ではなかった。元弘三年(正慶二・一三三三)二月ころの軍事情勢は、楠木ならびに護良にとって決して予断を許さなかった。正月二十九日二階堂道蘊《どううん》が入京したのを第一弾に、鎌倉は空前の大軍勢を上洛させ、楠木の鎮圧にのぞんだ。

総じて諸国七道の軍勢我も〳〵と馳せ上りける間、京白河《しらかわ》の家々に居余《いあま》り、醍醐・小《お》栗栖《ぐるす》・日野《ひの》・勧修寺《かんしゅうじ》・嵯峨・仁和寺・太秦《うずまさ》の辺《へん》、西山・北山・賀茂・北野・革堂《こうどう》・河《こう》崎《さき》・清水《きよみず》・六角堂の門の下、鐘楼《しゅろう》の中迄《まで》も軍勢の宿らぬ所は無かりけり、（太平記巻第六「関東大勢上洛事」）

ひとは「日本小国なりと雖《いえど》も、是《これ》ほどの人の多かりけりと、はじめて驚くばかりなり」と、関東の大軍勢に驚嘆している。おそらくこの大げさな表現は、人口の少ない貧寒とした中世にあって、はじめて人びとがみた群衆に対する驚きのあらわれである。そしてまた計量技術が未発達な、この時代の人びとに特有の、数にたいする曖昧な観念もあらわしているのだろう。とはいえ、幕府の安危にかかわる戦争だ。このために動員した軍勢が、鎌倉時代一四〇年のなかで最大の規模であったことは間違いない*。

関東軍勢は三手（河内・大和・紀伊**）に分かれて畿南にむかう。そのうちの大和方面二階堂道蘊の勢は、さらに大和国内を上道《かみみち》・下道《しもみち》・中道の三道にわかれて吉野へ侵攻した。三道同時に軍勢が南下して、討幕反乱勢力を南大和に追い詰め、袋のねずみにして逃さない作戦であった。河内攻めも同様に、大軍がいくつかの道路を同時に進行し、包み込むようにしながら赤坂、千早に全軍集中するかたちをとった。まさに満を持しての攻撃態勢をしいたのである。

図 17　楠木正成自筆書状

文書からは一見して、正成が相当の能筆家であったことが分かる。くわしく一つひとつの文字の形、筆致筆勢を分析すると、かれの書体は南朝の中心後醍醐天皇や護良親王、北畠顕家らと共通する特徴をもつという。それは「宋風」が加味されたもので、持明院統の「青蓮院流」とはまったくことなるという（中村直勝：1927）。

ところで、上掲の文書（図17）は数少ない楠木正成真筆のなかで、とくに興味ぶかい一通である。日付の二月廿三日は関東軍勢が大挙して畿南に侵攻し、赤坂城の攻撃を開始した元弘三年二月二十二日の翌日にあたる。この時点で正成は金剛寺衆徒に向かって、「関東凶徒らが当寺に乱入し城郭を構えて合戦致すべきの由、その聞え候、若し事《こと》実にて候へば、寺家一同の儀を以て、入れたてられず候へば、尤も宜《よろ》しかるべく候哉」と伝えた。

この文面から、いわゆる赤坂・千早攻めの合戦が、はじめから金剛山ふもとの狭い局地戦としてたたかわれたのではなく、赤坂・千早からかなり離れた金剛寺までまきこむ、南河内の全域に展開された戦争であったことを知る。関東軍勢が金剛寺に城をかまえて合戦しようとしたのは、複数の道をとって金剛山西麓へむかう軍勢が、進行の過程で展開した反乱勢力掃討の作戦であったのだろう。

＊「楠木合戦注文」をみると、軍勢は国単位に動員された御家人と、在京する大番衆から構成されている。国ごとの御家人の数は確かなところは分からないが、九州の御家人をみると一国につきせいぜい三〇人前後といったところである（高橋昌明：一九九四年。五味文彦・野呂肖生編：二〇〇六年）。千早攻めのために鎌倉が御家人を徴したのは畿内・北陸・山陰・山陽・南海にある二六の国であったから、九州の例（一国三〇人前後）から推計すると、この時の御家人は八〇〇前後となる。それに在京大番に服する関東御家人三七人を合わせると八百数十にはなろうか。

領主経営の規模にもよって兵員の数に差はあろうが（東国の本間や結城などは一〇〇人、二〇〇人動員した）、一人の御家人が親類「一族」・家の子・郎党など、平均的には二〇人程度を引き連れていたとし、その者たちを加えた実質兵力は一万七〇〇〇といったところか。それに馬丁荷物持ちなどの下人を御家人一人につき二、三人想定すると、とりあえず動員軍勢は一万九〇〇〇前後となろう。

さらに北条得宗家の御内人集団が内管領《ないかんれい》長崎氏の指揮のもとに参加している。河内方面の軍奉行長崎四郎左衛門の下には「一様の鎧着たる」直属の兵団数百と、片小手《かたこて》に腹当《はらあて》の中間《ちゅうげん》数百、その後ろに「思々《おもいおもい》に鎧たる」御内人《みうちびと》の兵団がいた（太平記巻第六「関東大勢上洛事」）。おそらく総勢一〇〇〇は下らなかったのではないか。軍奉行は何人かいるから、それらの下に編成された得宗御内人の兵力を、さきの御家人兵力に加えると、総軍勢として二万五〇〇〇ぐらいを想定するのが妥当であろう。『保暦間記』には、その勢五万騎上洛して、金剛山を攻めたというが、おそらくそこまではいくまい。

＊＊　鎌倉軍勢の一隊（大将軍名越《なごえ》遠江入道、軍奉行安東《あんどう》入道円光）が「紀伊の手」になっているのは、紀伊方面がこのたびの合戦で、討幕反乱勢力の基盤のひとつになっていたことを物語る。詳しいことは不明であるが、「楠木合戦注文」に「同二月二日吉野執行が打ち落とされると云々、この外湯浅一党所々に押し寄すと云々、合戦致すの由その聞こえ候」という記事がみえる。鎌倉軍勢の攻勢をまえに、討幕反乱勢力が吉野山の鎌倉方執行岩菊丸《いわきくまる》を山から叩きだすとともに、先刻楠木に帰順した紀伊の湯浅一党が紀ノ川流域の鎌倉方武士を一掃したらしい。鎌倉軍勢に「紀伊の手」が編成されたのは、こうした動きと関係があろうか。

逆転する力関係

上赤坂城、健闘むなし

吉野山と上赤坂と千早の攻防は熾烈をきわめた。吉野山は執行岩菊丸の献策をうけた二階堂軍が、山の後ろへ足軽をおくりこみ、この者どもの攻撃で城は落ちた。閏二月一日のことである。吉野を離れ高野山に逃げ込んだ護良親王は、二階堂の捜索を辛くもかわし、以後は南大和の宇陀山中に身をひそめ、千早城包囲の鎌倉軍勢にたいしてゲリラ攻撃を指揮するとともに、対幕蜂起・督戦の令旨を全国の諸族へ出しつづけた。

いっぽう上赤坂城では前月の二月二十二日から、阿曽《あそ》時治《ときはる》軍の攻撃にさらされており、吉野山が落ちたのと同じ元弘三年閏二月一日に陥落している。上赤坂城は楠木正成の住宅がある、金剛葛城山塊の北西出入り口にちかいところにあった。

金剛葛城山塊のふもとからは千早川、足谷川《あしたにがわ》、水越川《みずこしがわ》など幾筋かの川が台地に谷を刻みながら流れだし合流している。その合流点にちかい水越川左岸の山際には、延喜式内社の建水分神社《たけみくまりじんじゃ》が鎮座する。その神社にちかい水分村《すいぶんむら》の山の井地区が正成誕生の地と伝えられている。かれの住宅はこのあたりに置かれていたとみてよい。上赤坂城はそこから南東方向の桐山《きりやま》に築かれていた。

正成の住宅から北西方向にのぞむと、千早川西岸に低地面との比高が比較的少ない平坦な下赤坂城がみえる。この城は元弘元年合戦に見られたように、短期籠城型であって長期間の籠城がむずかしい。このため正成は要害堅固な城郭を、あらたにつくって上赤坂城としたのである。楠木本城と呼ばれるこの城は、比高一〇〇メートルの山裾突端部に位置して、東・北・西の三方は急斜面の谷となっていた。そして南だけが金剛山の西尾根に通じていた。「此の城三方は岸高くして、屛風を立てたるが如し、南の方許《ばか》りこそ平地に継《つづ》ひて、堀を広く深く切り掘切って、岸の額《ひたい》に屛《へい》を塗り、其の上に櫓《やぐら》を掻き雙《なら》べ（て）」いたという（太平記巻第六「赤坂合戦事付人見本間抜懸事」）。

鎌倉軍勢の鎧武者は空堀のなかへ走り降りて、岸をのぼろうとするが、屛の土小間《つちざま》（土塀にあけた狭間）や櫓の上からは、屈強な射手が鏃をそろえ雨のごとくに射る。いたずらに犠牲ばかりを出して城攻めは難航した。*しかし間もなく、山から城中へ水を引き入れる樋を、土中に発見した攻城軍はこれを破壊し、水の供給を止め城兵を苦しめるのに成功した。喉の渇きに弱りきった籠城兵はついに降伏し、閏二月一日に城は落ちた。

城将平野将監以下の兵は城をあけて投降したが、その日の大将渋谷《しぶや》十郎はかれらをゆるさなかった。ために降人八人は逐電をこころみて生け捕られ、あるいは自害した。投降兵の数は楠木合戦注文によると三〇余人とあるが、『太平記』（巻第六「赤坂合戦事付人見本間抜懸事」）では二八二人とある。千早城の前衛に位置し、鎌倉攻撃軍に甚大な被害を浴びせた上赤坂城が、わずか三〇人程度の兵によって守備されていたとは考えにくい。赤坂籠城兵の人数は『太平記』の二八二人とまではいわずとも、一〇〇人前後はいたのではないかとおもう。その投降兵は京都六条河原でことごとくが斬られ首をさらされた。

吉野と上赤坂が同時に打ち落とされたあとは、楠木正成の楯籠る千早の孤塁が、討幕反乱勢力にのこされた唯一の拠りどころとなった。ここでの戦闘のありさまは本書のプロローグに見た通りである。正成にとって問題は鎌倉軍勢の大攻勢に、いかに耐え続けるかだ。城を持ちこたえれば、鎌倉軍勢はここから引くことができなくなる、さすれば大軍勢は釘づけにされた状態になる、そのあいだに全国の政治情勢はかわるはずだ、正成はそう考えたにちがいない。そしてげんに世の中はその方向に動きはじめた。すなわち隠岐の後醍醐が動き、西国の諸族が討幕の挙兵に動きだしたのである。

＊ 攻城軍の一人本間又太郎とその舎弟与三は、先陣を切って一・二・三の木戸をつぎつぎ打ち破り、四の木戸近くに肉薄して太刀打ちの斬撃戦におよんだが、そこで又太郎が左肩を射られ、与三は大腿の上部を射とおされて引き退いた。そのご本間九郎（資貞《すけさだ》）の父子は討死し、同じく一族の河口与一、兵衛四郎ら四人も討死、一門だけでも七〇余人がけがをし、若党下部どもは一〇〇余人討たれた。須山の人びとも、殿原一族八〇余人のうち六一人がけがをし、家の子・若党は四人が討死した。また武蔵児玉郡の猪俣の人びとは「正員」（児玉党の構成メンバーか）一一人討死、手負い六〇余人で、党のメンバー人見六郎入道ならびに甥総二郎入道の主従一四人が同所に討たれた。結城白河氏の手の者は二〇〇余人負傷し、七〇余人が討ち死にした（楠木合戦注文）。

反乱、播磨に飛び火す

楠木正成が鎌倉の大軍勢を金剛山に誘い込み、これを動けなくしているとき、大塔宮護良は全国（特に西国）の諸族、大寺社に蜂起を促す令旨を出しつづけた。地方武士が鎌倉体制に謀反を企てるのは、幕府を認める王朝政府（王家）にたいし反逆することにはならないか、と考える向きもあり、そのことが蜂起を躊躇させていたのは確かである。金剛山千早攻めに参戦していた新田義貞が、鎌倉の命脈が長くないことを知って謀反を決意したが、それにもかかわらず、「令旨なくては叶まじけれ」といって護良の令旨をもらいうけようとしたのはこのためである。

叛意をいだく全国各地の諸勢力は、いわば蜂起の大義名分をほしがっていた。だから大塔宮護良が、紀伊国粉川寺《こかわでら》行人をはじめ、播磨国赤松則村（円心《えんしん》）、あるいは遠く九州薩摩の牛屎《うしくそ》郡司入道、筑後国原田種昭《はらだたねあき》、そして播磨国大山寺《たいさんじ》衆徒、熊谷小四郎、忽那重明《くつなしげあき》、と大量の令旨を個人・集団を問わず発したのは、その後の蜂起に正当性を与えた点できわめて意味が大きかった。

東夷を追討せんがために、軍勢を召される所なり、早く勇健の士を相率《あいそつ》して馳参《はせさん》じ、合戦の忠節を致すべし、勲功においては、牛屎院の地頭職を宛て行わるべき也てへれば、大塔二品親王の令旨かくの如し、仍て執達くだんの如し、

元弘三年二月六日　　左少将隆貞奉《うけたまわる》

牛屎郡司入道館　（鎌遺四一・三一九八三号）

護良親王が発した令旨の奏功は程なくしてあらわれる。地方の蜂起がはじまった。最初に護良に応じたのは、播磨国の在地武士赤松次郎入道円心と伊予国の海上武装民たちだっ

た。まず赤松円心のほうからみよう。元弘三年正月、護良のそばに仕える赤松則祐（円心三男）は西播磨の郷里佐用荘《さよのしょう》にもどり、父の赤松円心の許に護良の令旨をとどけた。在地ではすでに、鎌倉幕府は絶対の存在ではなくなっている。むしろこれを拒否する意識のほうが在地住民の間には広がっていた。

これを察知する赤松のような地頭級の中間層は、くずれだした鎌倉政権から離脱することによって、あらたな足場をもとめ階級的上昇をはかろうとしていた。護良からの令旨には「恩賞は宜《よろ》しく請《こ》うによるべし」という文言が書き込まれていた。これを見た円心は斜《なの》めならず喜んで討幕の挙兵を決意したという。元弘三年正月二十一日、かれは領内の苔縄《こけなわ》山《やま》に城をかまえ与力の輩を招き寄せた。そして二十六日にはまず国境の杉坂山《すぎさかやま》と山の里に関をつくり、山陰山陽の交通を差し塞いだ。

このころ鎌倉による楠木攻撃の関係で、中国地方の備前・備中・備後・安芸・周防の国々からは陸続《りくぞく》として軍勢が上洛しようとしていた。赤松はその軍勢の上洛を阻止したのである。そればかりか、上洛しようとする備前国三石《みついし》の武士を味方につけて、備前児島《こじま》郡に本拠を置く守護の加治《かじ》源二郎左衛門なる武士を没落せしめた。「是より西国の路いよいよ塞がって、中国の動乱なのめならず」といったありさまになっていった（太平記巻第七

「赤松蜂起事」)。

それから赤松は、近辺の敵対する武士を一掃し、息をつかずに東へ進み兵庫に繰り出した。かれは京都六波羅を衝《つ》くつもりであった。それに失敗したら一旦引き退いて人馬を休める場所が必要であると考え、兵庫の北にある摩耶《まや》の山寺を城郭にした。

体制崩壊の地滑りがはじまった

赤松挙兵とほとんど同じころ、瀬戸内地方では伊予国の海上武装民が蜂起した。忽那島の忽那重清らが土居通増《どいみちます》、得能通綱《とくのうみちつな》とともに、伊予国喜多《きた》郡の地頭宇都宮貞泰《うつのみやさだやす》、ならびに一族美濃入道の代官らが拠る根来山《ねごろやま》の城郭に攻めよせ合戦闘諍《とうじょう》におよんだのである(忽那一族軍忠次第)。鎌倉サイドの者が大三島の祝《はふり》大夫宛てに「豫州凶徒」の誅伐を報じ、ついては祈禱精誠《きとうせいせい》いたすべし、との命令を下したのが元弘三年二月二十日であるから、忽那・土居・得能らが反乱をはじめたのは二月二十日前であったとおもわれる(鎌遺四一・三一九九四号)。

戦いはその後(閏二月十一日)、伊予府中(越智郡の伊予国府所在地)の守護宇都宮貞宗《さだむね》館合戦へと転じ(忽那重清、土居通増、得能通綱らのほか、祝安親《はふりやすちか》が参加)、さらに三月にはいると一日から十一日まで、ふたたび根来山城で合戦がおきた(忽那一族軍忠次第)。伊予の武士・武装民の蜂起を知った長門《ながと》探題北条時直《ときなお》は、閏二月はじめ伊予国府中の防衛にあたるため宇都宮の救援にむかった。もともとモンゴル戦争の時、敵船が瀬戸内海に侵入するのを防がねばならぬ長門探題は、山陽道ならびに四国の軍勢を戦力として動員できるようにしておくのが仕事であった（新井孝重：二〇〇七年）。とうぜん管理下の伊予府中（軍勢編成の中心地）に異変があれば、長門探題はこれに対応せねばならなかったのである。

閏二月十一日、北条時直が指揮する長門・周防の軍勢は、伊予府中にちかい石井浜（船《ふな》津《つ》ともいう）に上陸して反乱軍と衝突した。ここでの合戦には、そのごの北条氏の運命を予見させるものがあった。時直が石井浜に兵粮米を陸揚げし、土居の城郭ちかくの処々に兵を露営させていると、味方軍勢に裏切りが発生したのだ。「ウシロヤ」（うしろ矢）を怖れた時直は馬・鞍・兵粮のことごとくを捨て逃走しなければならなかった。

いまや長門の権力本体にまで、人心の動揺と裏切りの疑心暗鬼はひろがっていた。あせる時直は三月十一日、態勢を立てなおして、今度は土居通増の根拠地久米郡石井郷に押し寄せた。しかしここでも忽那、祝、土居、得能らの奮戦のまえに撤退を余儀なくされた。時直軍は三居津《みいつ》（和気郡三津浜か）に着船して、石井郷めがけて侵攻し在々処々を焼き払い、星岡《ほしのおか》に城郭をかまえたが（鎌遺四一・三二〇六八号）、そこへ忽那らの在地反乱軍が攻

図18　伊豫瀬戸内の要図

撃をかけた。時直軍は散々の合戦のあげく攻め落とされたのである。

長門探題がこれによって受けた人的損害は、長門国の分が一一六人、周防国の分が二一人にのぼった（博多日記）。これいご瀬戸内海における幕府の管制権は喪失したはずで、事態は一挙に容易ならざる方向へ動き出した。金剛山を攻撃する鎌倉軍勢は伊予の戦乱と播磨赤松の軍事行動にも対処せねばならなくなった。

> 伊予播磨国の悪党蜂起し、言語道断に候、近日国の守護人（に）《（ママ）》仰せ付けられ、追罰を加えるべきの由、六波羅より仰せ出だされるに依って、国の群勢・守護のことごとく此の合戦の彼の所に馳せ向かう、（楠木合戦注文）

という事態に鎌倉軍勢は追い込まれたのである。

このとき山陽道は兵庫が赤松円心の軍勢によって塞がれていた。金剛山から管国（中国・南海諸国）に戻る守護軍勢は、難波から大船をしたて海路をとらねばならなかったろう。だがいずれにせよ、守護軍勢は山陽道中国地方と瀬戸内四国の武士たちを押さえきることができず、伊予の反乱に各地の武士・武装民はつぎつぎ加わり、天下の形勢は騒然たる様相を見せはじめていた。体制崩壊の地滑りがはじまっていた。

先帝後醍醐、船上山に楯籠る

中国・瀬戸内の反乱のさなか、隠岐島でも重大事件が起きていた。先帝後醍醐が島から脱出したのである。先帝は元弘の戦雲をよんだ張本人である。中国筋に反乱がはじまると、脱出を怖れる守護から、とくに厳重に警固されたと思えるのだが、じっさいには意外にもルーズであった。先帝のもとには「大塔の宮よりも、あま人《(海人)》のたよりにつけて、聞え給ふ事絶えず」といった具合に、護良からの連絡が絶えずおこなわれており（増鏡第二十「月草の花」）、そればかりか『太平記』（巻第七「先帝船上臨幸事」）によれば、警固の武士が後醍醐の脱出の手引きをするありさまであった。

先帝後醍醐は各地に討幕反乱が続発するのを知り、情勢が漸く熟してきていることに抑えがたい興奮をおぼえた。いまおきている反乱は、ちかいうちにかならず討幕の全面戦争に発展する、そのうねりをつくるには一刻もはやく、おのれ自身が島を出なければならない、と先帝は考えただろう。元弘三年閏二月二十四日の未明、ついにかれは島から脱出した。そして海上を漂ったすえに、翌日には伯耆国の名和湊に着船し、そのまま土地の武装商人・名和《なわ》長年《ながとし》に軍事をたのんだ。

名和長年の周囲には「類ひろく心もさかさかしく、むねむねしき」（一族も広く心も賢く、重だった）ものがいた（増鏡第二十「月草の花」）。またかれの一族門葉は「一處におひて討死《し》仕《つかまつる》べき親類の一二百人も候はん」というほど数も多いし結束も固かった（梅松論）。いっぽうかれは「あやしき民なれどいと猛に富める」ともいわれ（増鏡第二十「月草の花」）、また「福祐の仁」とも伝えられている（梅松論）。天皇を船上山《せんじょうせん》にむかえたときの対応は、「猛に富める」「福祐の仁」でなければできるものではなかった。手持ちの銭貨と米・布を惜しげもなく放出して人夫をうごかし、大量の兵粮を山に運びあげて戦争の準備をしたのだ。

財力の源泉がどこにあったかというと、それは絹や筵《むしろ》、それに質の良い鉄を生産する伯耆御厨《みくりや》と、そこから流通ルートに物資を載せる日本海の交通運輸にあったと考えられる（中山寿夫：一九七〇年）。兜や鎧の袖につける名和氏の笠標《かさじるし》（イエの標識）が帆かけ舟をあしらったものであるのも、名和氏の産業管理と海上での商業活動をあらわしている、と考えられている（佐藤進一：一九六五年）。おそらく身分的には「あやしき民」である名和一族は、名和湊の長者というのがふさわしく、その実態はたんなる武士ではなく武装商人であった。

伝統的な身分・格式はもたぬが、しかし銭貨の力はもっている、そういう者がこれからの実力者だ、と考えたのは先帝後醍醐であった。後醍醐は討幕の密議を凝らしている段階から、各地の「国の風俗」「人の分限（財力）」をうかがっていた。楠木正成が組織されたのは、かれが鎌倉権力の内部にいる優秀な戦士であるから、というのは疑いないが、加えて交通運輸やその他「いやしき」（しかしカネになる）商業基盤をもっていたからだろうし、名和長年のばあいは典型的に「福祐の仁」であることで目をかけられた。

幕府の軍勢（中世国家の正規軍）を動かせないいじょう、銭貨とモノで民間の武装民を動かすいがいにはない。戦争に伝統や身分などは無意味だ、経済力こそが強力な軍事力を生むのであって、とどのつまりは討幕の実力である、と後醍醐は考えていたにちがいない。「あやしき民」名和長年にとって、かたじけなくも「十善の君」（天皇）に憑《たの》まれたのは生涯の大事件であった。身分低き有徳人なればこそ、長年はこの事態を万感の思いでうけとめただろう。

名和長年は一族を挙げて先帝を奉じ、ここを先途とばかりに船上山に蜂起した。「北は大山に継《つづ》き峙《そばだ》ち、三方は地僻《ちさがり》に、峯に懸れる白雲、腰を廻れり」（太平記巻第七「船上合戦事」）という山容をみせる船上山は、修験の山でその頂には大山寺衆徒が止住する船上寺（宝積寺）があった。そのお堂を行在所《あんざいしょ》にして、房舎を急ごしらえの城郭とした。

いっぽう鎌倉にとっては、先帝後醍醐に逃げられたのは重大な失態であった。金剛山はいまだ落ちず、瀬戸内・山陽道に不穏な空気が広がっている、そうした中でのこの事件が、討幕反乱の突破口になることは、だれがみても明らかだった。にもかかわらず、船上山に押し寄せた鎌倉軍勢には士気が欠けていた。はやくも「近国の勢どもの、悉く馳《はせ》参りたりける（か）」、と突撃することを怖れ、車軸を流すごとき雷雨のなかを、立ち往生している。そこを長年の手勢に奇襲され、軍勢は山中で足場を失いどっと谷底へまくり落とされた。三月二日のことだった。

鎌倉滅亡、千早からの連鎖

京都攻撃を敢行する

島を出て船上山の戦いに勝利した先帝後醍醐は、いまやだれはばかることなく敵を討滅すべきの綸旨を、列島全域の諸族・諸社寺にむけて発した。これまでは大塔宮護良が令旨を発して各地の武士・僧兵・神官に蜂起を促していたが、後醍醐は現在位の天皇として討幕反乱を呼び掛けることになった。出雲国杵築《きづき》神社（出雲大社）に宛てた後醍醐天皇綸旨は、鎌倉政治体制の力関係が、いままさに逆転しようとするときの、高揚する気分が文面にあふれているようだ。

綸旨を被《こうむ》るに称《いわ》く

右、王道の再興を以てするは、専ら神明の加護なり、ことに當社の冥助《みょうじょ》を仰ぎ、四海の太平を致さんと欲す、仍て逆臣を退け、正理に復せしめんがため、義兵をあげ征伐を企てらるる所なり、速やかに官軍戦勝の利を得て、朝廷静謐の化に帰すべき旨、精誠を凝らして祈り申すべし、勅願成就せしむれば、勧賞は請《こ》うによるべし、てへれば天気により、状くだんの如し、

元弘三年三月十四日　　左中将（千種忠顕）（花押）

杵築社神主館　　（鎌遺四一・三二〇五九号）

船上山には山陽・山陰一六ヵ国の軍兵が引きも切らず駆けつけた（梅松論）。塩谷《えんや》判官高貞、冨士名《ふじな》義綱、浅山次郎、金持《かなじ》一党をはじめ、出雲・伯耆・因幡三ヵ国のうち、弓矢取る者の馳参しないものはなく、さらに石見国からは沢《さわ》・三角《みすみ》の一族、安芸国からは熊谷・小早川らのもの、美作国からは菅家《かんけ》の一族、江見《えみ》、芳賀《はが》、備後国からは江田・広沢・宮・三吉、備中国からは新見《にいみ》・成合《なりあい》・那須《なす》・三村《みむら》など、備前国からは今木《いまぎ》・大富・藤井・射越《いのこし》・小嶋・中吉《なかぎり》・石生《おしこ》などが集まってきた。

船上山をおりた後醍醐軍勢は勢いに乗って、まずは得宗被官人糟谷《かすや》重行《しげゆき》の中山城と、おなじく伯耆国の鎌倉支配拠点たる小《こ》鴨《かも》城を攻め落とし、それから京都に向けて進撃を開始

した。千種忠顕《ちぐさただあき》を大将とする一〇〇〇〇余騎（二三〇〇〇騎には過ぎずと、京都では認識されていた。鎌遺四一・三二〇五一号）の軍勢は、『太平記』によれば山陰道を進むうちに二〇万七〇〇〇余騎に膨れ上がっていたという。例によって大げさな表現であるが、しかし但馬国小佐《おさ》郷住人の伊達道西があらかじめ軍勢催促をうけていて、同国を通過する忠顕の軍勢に勇躍くわわったように、数多の武士が後醍醐の綸旨・軍勢催促をうけとり、つぎつぎ挙兵合流し、急速に軍勢を大きくしたことはまちがいない。

さてそのころ摂津に押し出した赤松円心はどうしていたか。船上山の敗報に接した京都六波羅は「事已《すで》に珍事に及びぬ」と顔色を失い、されば摂津摩耶《まや》に赤松を踏みとどまらせてはならぬと、佐々木時信《ささきときのぶ》と小田時知《おだときとも》に四八ヵ所の篝屋《かがりや》、在京人ならびに三井寺《みいでら》の僧兵をつけて摩耶へむかわせた。赤松は激しい戦闘のすえ六波羅軍勢をおし戻し、さらに尼崎、坂部《さかべ》村にたたかい、敗走した六波羅の「臆病神が覚《さめ》ぬ前に、続ひて責《せめ》る物ならば、などか六波羅を、一戦の中《うち》に責落《せめおと》さでは候べき」と京都へむかった（太平記巻第八「摩耶合戦事付酒部瀬河合戦事」）。三月十日、淀・赤井・山崎・西岡辺から赤松軍は攻めのぼり、京中は大騒ぎとなった。

俄かに世の中いみじうのゝしるを、何ぞと聞けば、播磨国より赤松なにがし入道円心とかやいふもの、先帝の勅に従ひて攻めのぼるなりとて、都の中あわてまどふ、（中略）馬車走りちがひ、武士どもうちこみのゝしりたるさま、いとおそろし、（増鏡第二十「月草の花」）

六波羅は混乱のなか地蔵堂（六波羅密寺）の鐘を撞き鳴らし、洛中の軍勢をあつめて桂川に差し遣わし、雪解けで増水した流れをまえに、迎撃の戦闘態勢をしいた。敵はたやすく渡れまいと思えたが、赤松軍は逆巻く川をおし渡り、六波羅の防御線を打ちやぶった。六波羅は赤松の京都突入をゆるしてしまう。大宮・猪熊・堀川・油小路《あぶらのこうじ》辺には数十ヵ所にわたり火の手が上がり、七条・八条の街路には汗馬が東西に馳せ違い、兵の喚き叫ぶ声は天地をひびかせた。しかし赤松勢は畿内の地侍や溢武者《あぶれむしゃ》たちである。重装甲騎兵の鎌倉武士と比べたら、戦力的にはあきらかに弱い。

高櫓を組み、穴を掘り

金剛山千早城の攻囲軍は、赤松勢が京都攻めにてこずっているころ、すみやかに城を落とすべしとの指令を鎌倉からうけとった。これまで幾度か攻撃をこころみたが、ことごとく失敗し大きな損害をこうむっている。鎌倉軍勢にはもはや兵粮攻めしか策は残されていなかった。しかし、そうして時間だけを消磨しているうちに、瀬戸内・中国筋には反乱の火の手があがり、隠岐の先帝後醍醐天皇は伯耆国に潜幸する。それもこれも正成の「金剛山ハイマダ不被破《やぶられず》」という事実そのものが、反逆者を元気づける「山巓の星」（植村清二：一九六二年）となっていたからであった。

したがって鎌倉軍勢には、千早攻めは一刻の猶予もならない。いかにしても、すみやかにこの禍源を絶たねばならない。そこで考えたのが京より番匠を呼びよせ、太い木でおおきな梯子（太平記巻第七「千劔破城軍事」には幅四メートル、長さ六〇メートルとある）をつくらせることだった。できた梯子に大綱をかけて轆轤《ろくろ》で巻いてから「城の切岸の上へぞ、倒し懸け」たという。これをつたって気のはやる武者どもは、我先にと城に渡ろうとする。するとと城兵がその橋の上に松明《たいまつ》を投げ積み油を懸けた。たちまち橋げたは炎上する。そして数千の兵もろともに谷底へ焼け落ちたという。

この梯子作戦をいまに伝えるのは『太平記』（巻第七「千劔破城軍事」）だけである。じっさいに現地をみると、大きな橋が架けられる（あるいは橋をかけて城内にはいる）地形はないから、この作戦じたいが虚構かと思われる。しかしやや見方を変えてこれを考えると、じっさいに見られた千早攻めの作戦を伝えているようにも思えるのである。鎌倉軍勢は金剛山支脈（千早城）の尾根の麓まで寄せており、そこから攻めているのだから、尾根上に

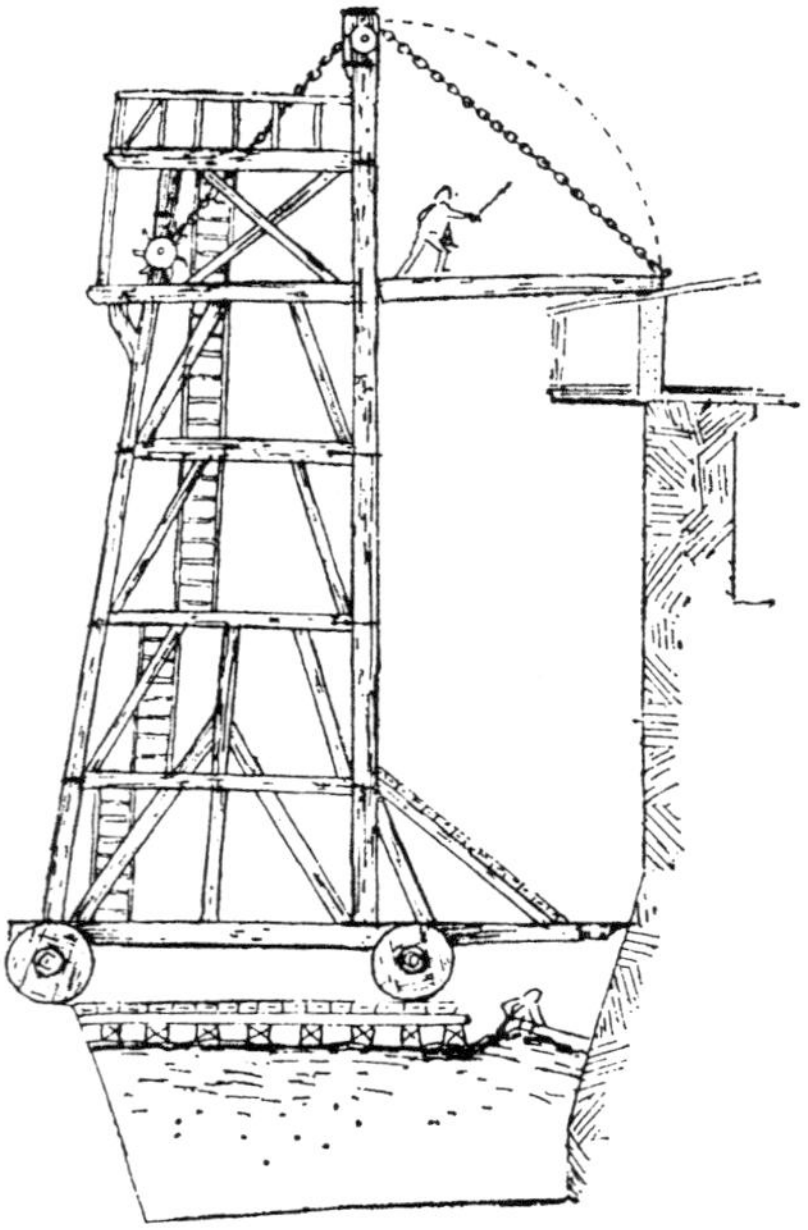

図19　中世ヨーロッパの攻城機

ある郭を攻めるのに下から高い塔のような構造物をつくり、上にある郭内に突入する作戦はありえたのではないか。

　すこしはなしはとぶが、中世のヨーロッパでは領主が他国の都市や城を攻めるのに大きな攻城機をもちいた（ハインリヒ・プレティヒャ：一九八二年）。敵の城（あるいは都市）の堀を埋めると、エベンヘーヘ（ベルクフリトとも）という攻城機の出番となる。この木組みの櫓は敵の城壁よりも背の低いものであってはならず、高さはふつう二〇メートル以上あった。櫓は何階建てかの構造になっていて、各階には弓の射手が配置されていた。この怪物のような構造物の下には車が付いていて、地面の上を何百人もの兵士たちがこれを押してうごかす。城壁に接岸すると、櫓の上からは橋がおろされ城壁にかけられる。兵士たちはそこを通って城内に突入するのだ。

千早では急傾斜面の山肌を登ろうとすれば、岩・石・「ハシリ木」丸太が落とされ、敵城にたどりつくまえに兵の損害は増すばかりとなる。ならば大石・「ハシリ木」が届きにくい、すこし離れたところに、下から木組みの塔のような構造物をつくり、その上から城の郭に橋をかけ乗り移るのは、考えうる有効な手立てであったろう。げんに攻城軍のひとり熊谷直氏《くまがいなおうじ》は、北の陣と堀際を攻撃の持ち場としたとき、「堀際に高矢蔵《たかやぐら》を構え」たといっている（鎌遺四一・三二〇四四号）。

この高矢蔵が城攻めのための塔のような構造物と考えられる。だが楠木はそれを座してみてはおらず、その構造物を破壊する手を打ったはずだ。その対抗策のひとつが『太平記』にある炎上作戦ではなかったか。＊そういう事実の一端を『太平記』は、あの大げさな表現で伝えている、と考えられるのである。

そのご攻城軍に加わった新手の宇都宮公綱は、紀清両党の武士たちと、猛然と城を攻めた。そのさいこんどは穴を掘って攻めた。「堀の際まで責上て、夜昼少しも引き退かず」攻めつづけ、その間に「後なる者は手々に鋤鍬《すきくわ》を以て、山を掘り倒さんとぞ企て」、ついには「大手の櫓をば、夜昼三日が間に、念なく（意外にも）掘り崩して」しまった。諸人これをみて、はじめからこうすればよかった、と我も我もと掘ったという。これはたぶん坑道を掘って城を抜く作戦であったのだろう。和泉の御家人和田助家は大手の箭倉下の切岸の根元を掘っているとき、若党が腰骨右はずれを射られた。鋤鍬を握ってかがんで作業していたから、腰をやられたのだろう。

和泉国御家人和田修理亮《しゅりのすけ》助家、茅葉屋《ちはや》城の大手箭倉の下の岸を掘るの時、今日四月廿日若党新三郎顕宗腰骨をすこし右へよりて、射られ候いおわんぬ、仍て注進くだんの如し、

正慶二年四月廿日　　　　　　　　　　　　定兼（花押）
　　　　　　　　　　　　　　　　　　　　資景（花押）
（史料編纂所架蔵影写本和田文書）

＊直氏がつくった高矢蔵は火を懸けられたのではなく、「礫を以て打ち破られ」たという。このため「重ねて相構えた」が、そのさいに若党の中村九郎入道道善が脚を射ぬかれ負傷した（鎌遺四一・三二〇五五号）。また熊谷直経も大手堀際に矢蔵をかまえ、数ヵ度の合戦をおこなったという（鎌遺四一・三二〇八〇号）。

足利尊氏、京都を攻略す

赤松勢は京都になんども突入をはかったが、そのたびに六波羅の軍勢に押し返され、戦

況は一進一退の状態となっていた。勇躍として上洛をはたさんとする頭中将千種忠顕も、いざとなるとまったく臆病風に吹かれて役に立たない。そうした状況を一変させたのが足利尊氏の登場であった。鎌倉北条氏が最も頼りにした尊氏は、反乱討伐の切り札として上洛したが、先刻船上山の先帝後醍醐に通じ、*丹波から軍勢をとってかえして京都を攻撃したのである。

それまで赤松・千種の軍勢から攻撃されていることもあって、京都市街はいたるところ防戦の施設をそなえていた。三条より九条まで、大宮面《おもて》には屛を塗り、櫓《やぐら》を掻《かい》てそこへ射手を上げ（太平記巻第八「主上自令修金輪法給事付千種殿京合戦事」）、羅城門基壇から八条河原までは丸太の木を割って屛を塗り、まえには乱杭逆茂木《らんぐいさかもぎ》を引いて、広さ九メートルの濠をつくった（太平記巻第九「六波羅攻事」）。さらに尊氏が京都にはいるころは、六波羅政庁も要塞化していた。政庁建物の西側、河原に面しては一キロちかく地面を深く掘りくぼめ、鴨川の水を引いて濠とし、残りの三方には「芝築地《しばついじ》」（土塀）を高くきずき、櫓を掻きならべて逆茂木を厳重にしいていた（太平記巻第九「足利殿着御篠村則国人馳参事」）。

けれども名越高家《なごやたかいえ》の戦死と尊氏の寝返りを知った六波羅は恐慌状態におちいり、多くの兵はもはや戦う気力をうしなっていた。元弘三年（一三三三）五月七日、尊氏の軍勢は右近の馬場から大宮大路の木戸をおし開き、二条から八条まで都合七筋の大路を東へ直進し雲霞のごとく六波羅を目指した。これにあわせ東寺口からは赤松が、そして竹田伏見方面からは千種の軍勢がいっせいに洛中にむけて攻撃を開始した（鎌遺四一・三二〇八七号）。山田・山崎・竹田・宇治・勢田・深草・法性寺から燃え上がる黒煙は空をおおい陽の光をさえぎって、まるで周囲は墨を流したようであった。

六波羅に追い込まれた兵は死に物狂いで戦う。喚き叫ぶ鬨《とき》の声と、雨脚のごとく激しく飛び交う矢がらに驚き、矢が突き刺さって目の前でたおれ死ぬ兵に、後伏見上皇・花園上皇・光厳天皇・貴族らは、ただ呆然とするばかりだった（増鏡第二十「月草の花」）。後伏見らはかねてから六波羅に避難していたのだが、その六波羅が攻撃されて、かえって戦場のただ中に巻き込まれたのだ。北条仲時・時益両探題は両上皇ならびに天皇を奉じて、六波羅政庁東側から脱出して鎌倉をめざす。公卿や大臣たちは袴の端をとって、冠がどこかにすっ飛んだのにも気づかず、中空を歩くような心地で、河原を西へ東へと逃げまどった。

このときはよほどの混乱であったようだ。「いみじう固めたりつる後の陣（六波羅政庁東側）を、辛うじて破りて」逃げ出した貴族のうち、内大臣源通顕《みちあき》は翌八日の未明に、息子の別当通冬《みちふゆ》をともなったつもりで、三条坊門万里小路《までのこうじ》に帰宅した。騒ぎを案ずる北の方は、門へ走り出でて夫の無事を喜んだが、そのあと通冬のいないのに気づく。ごった返した人のなかで、どれが通冬か、松明《たいまつ》もないし分からなくなった、と夫はいうのだが、北の方は「通冬はどうしたか、どうしたか」と声をふるわせ、戦慄《おのの》き叫ぶありさまであった。この北の方は白拍子《しらびょうし》明一といい（尊卑分脈）、この女性を妻とする通顕は後醍醐天皇の側近となった道祐（怪僧文観《もんかん》の片割れ）を弟にもっていた。

＊　足利尊氏は上洛途上に、おそらく三河国通過のころ、一門の細川和氏《かずうじ》、上杉重能《しげよし》を後醍醐のところへ遣ったらしく、両名が給わってきた綸旨を近江国鏡の駅で披見している（梅松論）。

「西鳥」、「東魚」を食らう

それにしても元弘三年五月まで、鬱勃たる大衆の反逆をまえに、鎌倉幕府の権力拠点は全国のどこでも風前の灯だった。とはいえ九州の鎮西探題と京都の六波羅探題は、ここまでよく持ちこたえた、ともいえる。九州では菊池武時《たけとき》が先帝後醍醐の綸旨を受け取って、博多の鎮西探題北条英時《ひでとき》に奇襲をかけたのが元弘三年（一三三三）三月十三日である。少弐《しょうに》と大友の裏切りで武時は敗死したが、事件は肥前国の地頭御家人に動揺をあたえ謀反を誘発する。翌十四日には肥前国の江串《えぐし》三郎入道が謀反をおこし、かねてより土佐に配流されていた先帝一宮の尊良《たかよし》親王を奉じ、地元八幡宮の宝殿にかけてあった金襴緞子《きんらんどんす》の帳《とばり》をひきはがし竿につけて錦旗をあげた。

しかし博多の探題はこの謀反をおさえこんだようだ。十四日の江串の挙兵が拡大した形跡はみられず、そのごも目立った事件は起きていない。これはモンゴル戦争いらい事実上九州の軍事を仕切ってきた筑前大宰府の少弐氏と豊後大友氏が、先帝綸旨を握りつぶし討幕の急先鋒であった菊池氏を陣没させたのが大きかった。このため九州の討幕派は一時逼《ひっ》塞《そく》し、中国地方の厚東・由利・高津などの諸族が長門探題時直を攻めているにもかかわらず、三月下旬から四月をへて五月下旬まで、表面上はなにも起こらなかったのである。

ではなぜ少弐と大友は菊池を扼殺して、みずからは動かなかったのか。これはやはり京都の攻防戦に、六波羅探題が意外にも健闘し、優勢の状態を維持していたからと考えられる。少弐貞経はかねて討幕をともに戦う約束をしていたにもかかわらず、いざ菊池武時から決起をうながされると、「其比《そのころ》京都の合戦に六波羅毎度《まいど》勝《かつ》に乗《のる》由聞へければ」菊池の使者を斬って探題に首を差しだした『太平記』（巻第十一「筑紫合戦事」）。京都六波羅の健闘が反幕蜂起を押さえていたのである。

赤松・千種らの京都攻撃のもたつきは、金剛山の楠木千早城が持ちこたえても、そのことが本来であれば引き起こすはずの、列島の反乱をとめてしまっていた。こうした膠着状態にたいして、一挙にかたをつけたのが足利尊氏の六波羅攻撃であった。六波羅陥落の激震は九州で、金剛山で、そして関東ですべての閊《つかえ》をおし流した。九州に京都の情報がはいるなり、狼狽する少弐・大友は五月二十五日、探題の館を襲い北条英時を自殺させた。

尊氏が京都を攻略したとの報が金剛山にもたらされると、千早城を攻囲する鎌倉軍勢はあっという間に崩れ去った。五月十日早旦には全軍囲みを解いて南都方面へ逃走を開始した。京都を脱出した北条仲時一行は、五月九日近江番場《ばんば》峠で野伏に包囲され悲惨な最期をとげている。そしてまたはるか東国の上野国では、五月八日新田義貞が挙兵、激戦の末に鎌倉の北条高時以下数百人を都市もろともにほうむった。元弘三年五月二十二日のことだった。

ところで『太平記』(巻第六「正成天王寺未来記披見事」)によると、楠木正成は天王寺で聖徳太子の手になる未来《みらい》記なるものを見たという。それには人王九五代にあたり、天下ひとたび乱れて安からず、このとき「東魚《とうぎょ》来たりて四海を呑む」とある。正成はこの「東魚」を逆臣相模入道高時一類と解した。さらに読みすすめると、日が西天に没すること三七〇余ヵ日にして、「西鳥《せいちょう》来たりて東魚を食らう」とあった。これは人王九五代の天皇、後醍醐が三七〇余日をもって隠岐を脱出し、「西鳥」が「東魚」すなわち北条一類を喰いころす、との意味と考え、「天下の反覆（国家転覆・革命）久からじ」とよろこんだという。

正成が見た天王寺未来記は、かれの戦いの結果をふまえた、いかにも予定調和的な予言譚である。だが、「西鳥」正成の千早籠城戦がなければ、播磨の赤松、四国の土居・得能らの蜂起、先帝後醍醐の隠岐脱出と名和の蜂起、そして新田の挙兵もなかったし、さらにいえば足利による京都攻めの一撃もみられず、けっきょく京都陥落を知って博多を落とした少弐や大友の行動もなかったはずである。全国の討幕反乱を連鎖反応的に誘発し、鎌倉北条氏を滅亡の淵に沈めたのは、やはり楠木正成にほかならなかった。ひとが未来記に仮託して、正成を東国の怪魚をとりしだく、獰猛なる「西鳥」にみたてるのには、それなりの根拠があったというべきである。

第五章　きしむ政治のなかで

後醍醐天皇の政治手法

自己絶対化への努力

六波羅滅亡の報をうけた先帝後醍醐は、元弘三年（正慶二・一三三三）五月十八日船上山《せんじょうせん》を発って京都還幸の途についた（古本伯耆巻）。絶海の孤島隠岐島《おきのしま》に閉じ込められた後醍醐は、わずか一年二ヵ月にして都に凱旋した。承久の討幕戦に失敗した後鳥羽上皇は、隠岐に流されてから、ついに島を出ることができなかった。そのことを思うと、後醍醐の在島期間は問題にもならない。そのうえ宿願の鎌倉滅亡を実現して、勝者として凱旋するのである。よろこびはいかばかりであったかと思える。

しかしかれは、よろこびもさることながら、だいじなことは新政にあたって、おのれを絶対化することにある、と強く心していた。兵庫に楠木正成の迎謁《げいえつ》をうけ、六月四日東寺にはいった天皇は、その翌日（五日）二条富小路《にじょうとみのこうじ》の皇居に入御する。すると、さっそくいくつかの政務をおこなった。そこではやくもきわめて特異な政治姿勢をおしだしたのである。まずかれは登極《とうぎょく》（天皇の位につくこと）をしたのであるが、そのさいの形式が重祚《ちょうそ》（一度退位した天皇が再び皇位につくこと）であってはならず、「只《ただ》遠き行幸《ぎょうこう》の還御《かんぎょ》の式」であるとしたことであった（増鏡第二十「月草の花」）。

また元号は「正慶」から、自分の治世のときの「元弘」に復し、元弘元年九月以降の任官叙位はすべて無効とした。笠置が陥落して、おのれが囚われの身となった九月より以降、神器をうけとった光厳天皇が皇位の継承者として、治世に与《あずか》っていたはずであるが、後醍醐はここでその事実そのものを否定した。あくまで元弘元年九月（笠置敗北身柄拘禁）から元弘三年六月五日（二条富小路入御）まで、皇位は後醍醐に存在しつづけたものとした。隠岐在島時代は先帝ではなく、現役の天皇でなければならなかった。とうぜん重祚の形式はありえないわけである。

同（元弘三年六月）五日、元の如く二條富小路皇居に入御、自ら立て登極す、但し重祚の礼に及ばず、元号は元弘に復す、元年九月已後の任官叙位は皆これを停廃する由これを仰す、礼成門院《れいせいもんいん》は故《むかし》の如く中宮たり（後醍醐の后《きさき》藤原禧子《きし》は、北朝により女院号を宣下されて礼成門院と称したが、後醍醐帰京後、その号は廃されて、中宮に復した）、皇太子康仁（大覚寺統後二条流邦良親王の子）を廃す（公卿補任〈正慶二年〉）

つぎにうちだした政策は、綸旨《りんじ》をもって一切の政治意思を人民に伝えようとしたことである。綸旨は天皇の私的な意思伝達の文書である。役所の文書を用いず、これを使って天皇個人の専権を実現しようとしたのである。まず元弘討幕戦で失った所領を旧主に戻し、以後の土地所有権の変更は、いちいち天皇の裁断をあおがねばならないという法令を発し、ついで朝敵所領没収令、旧幕時代の誤判再審令、旧幕建立寺院の寺領没収令などをつぎつぎ発令した。そして訴訟の裁断はことごとく綸旨によるべしとした。

しかしこれらの法令は、後醍醐天皇がおのれの専権を全人民にみせつけるために発令したものにすぎない。発令の意図が人民のためではなく、おのれを絶対化するためであるのだから、じっさいに法令に基づいて政策を進めようとすると、矛盾がつぎつぎあらわれる。たとえば朝敵所領没収令は、幕府サイドの者の所領を没収する法令だが、いったい朝敵の立場を最後まで貫いたものがどれだけいたか。ほとんどは鎌倉幕府が滅亡するまでに、なだれをうって後醍醐「官軍」に馳せ加わった。そうしたものを朝敵として扱えないいじょう、この法令を適用することには無理があった。

さらに旧幕時代の裁判を再審理すると後醍醐天皇は宣言したが、そういうことになると二十年年紀法のように、事実的支配の時間の経過によって、やっとたもたれていた土地の所有権は、たちまちその安定を失うことになった。土地は封建時代の主要な財産である。その所有が不安定になれば、世の中は深刻な事態となる。鎌倉時代に敗訴して土地を失ったものは、後醍醐の法令に狂喜して、旧領を回復するため京へ出むき訴訟をおこす、そうはさせじと現に知行している者（当知行者《とうちぎよう》）は、いまの所有権を政府から認めてもらおうと、やはり京へのぼるものもいる。たちまち、いたるところで、無理と思惑が衝突しあう。こうして財産権をめぐる秩序は、後醍醐の思いとは裏腹に、二度と元に戻せないように壊れていった。

さまざまな思惑で、人びとは雲霞《うんか》のごとく上京した。まさに「本領ハナル、訴訟人」は、「文書（証拠書類）入タル細葛《ほそつづら》」を背負って洛中にあふれたのである（二条河原落書）。人びとが都に殺到して厖大な訴訟が生じれば、とうぜん綸旨による裁定処理はとどこおり、また同一の係争地に矛盾する複数の綸旨を発給する（たとえば訴えた者と訴えられた者の両方に、係争地の所有権を認めてしまうなどの）手違いをおかし、一方の綸旨を召し返すことが頻発することになる。混乱のうちに、綸旨の効力はおとろえていった。

人の支配と法の支配

綸旨を発給できるのは天皇だけであるから、これの発給をとおして世の中すべてがうまく回れば、権力は天皇の一点に集中することになるだろう。しかしことさようにうまくはいかず、混乱だけが大きくなっていった。このため個々の土地財産の認定（安堵《あんど》）、裁定は綸旨をもっておこなう策はやめ、はやくも七月には法令を改変せねばならなかった。北条高時《たかとき》の党類と朝敵与同の輩をのぞいて、現に知行している武士庶民（士卒民庶）の土地財産権はそのまま認めることにした。

まさに士卒民庶をして、当知行の地（現に知行している土地）、依違《いい》あるべからざらしむるべき事

右、大納言藤原朝臣宣房《のぶふさ》宣す、勅を奉《うけた》まはるに、兵革の後、士卒民庶いまだ安堵せず、よって綵綸《しりん》（綸旨）を降して籠牢《ろうろう》（困難な状態）を救はる、しかるに万機こと繁《しげ》く、施行に煩《わずら》いあり、しかのみならず諸国の輩、遠近を論ぜず、悉《ことごと》くもって京上す、いたずらに農業を妨ぐるの条、かえって撫民《ぶみん》の義に背く、自今以後、この法を閣《さしお》かれる所なり、然らば高時法師の党類以下、朝敵与同の輩を除くの外、当知行の地は、依違《いい》（先

例・慣習に相違すること）あるべからざるの由、宜しく五畿七道の諸国に仰すべし、……（元弘三年七月二十五日官宣旨、鎌遺四一・三二三九二〜八、三二四〇三〜一四号）

さらに土地関係の訴訟を処理する民事法廷として、雑訴決断所《ざっそけつだんしょ》を新政府のなかに設置した（佐藤和彦：一九七四年）。これは独自の裁決権をもつ機関であるから、これの設置は後醍醐天皇の一点に権力を集中させる当初の考えからは、大きく外れることを意味した。組織は四番からなる部局によって構成されており、一・二番は奇数日に、三・四番は偶数日に開廷することになっていた。一番は畿内・東海道を担当、二番は東山道・北陸道を担当、三番は山陰道・山陽道を担当、四番は南海道・西海道を担当することになっていた。所領についての訴訟はおおく、これでもまださばききれなかった。

このため雑訴決断所は翌年に畿内と七道（東海道以下の各道）を独立させて、八番編成に組織を拡張し、各局に長官（頭人）・合議官（寄人）・審理官（奉行人）を配置した。じっさいの問題として、綸旨をもって天皇が専権をふるう政治では、澎湃《ほうはい》としてわきあがる社会の矛盾をまえに、それらを解決することなどできるはずもなく、法と制度によるシステム化した統治を必要とするのは避けられなかった。雑訴決断所のほかにも恩賞方・記録所・武者所・窪所などの機関が置かれたのはそのことをあらわす。綸旨万能の人治（人による支配）をモットーとしながら、現実のなかでは法治（法による支配）を必要としたのである。まずいのは人治と法治という、たがいに相反する支配原理を、うまく折り合わせることができなかったことである。綸旨万能の政治手法をあきらめきれない後醍醐は、自分の意思を形づくるにあたり、周囲の考えをそのまま認めてしまう傾向が強く、結果、寵愛の妻妾・官女、僧など、取り巻きによる政治への容喙《ようかい》をゆるした。それはとうぜん独自の裁決権をもつ雑訴決断所などと、判断上の齟齬をきたすことにもなった。かくして綸旨（綸言）はコロコロ変わり、政府の判断は矛盾混乱しつづけた。

記録所、決断所をゝかるといへども、近臣臨時に内奏《ないそう》を経て非義を申行間《もうしおこのうかん》、綸言朝《あした》に変じ暮に改まりし程に、諸人の浮沈掌《たなごころ》を返すが如し（梅松論上）

内奏より訴人《そにん》原告人、勅許《ちょっきょ》を蒙《こうむ》れば、決断所にて論人《ろんにん》（被告人）に理を付けられ、また決断所にて本主安堵を給われば、内奏よりその地を別人《べつにん》の恩賞に行わる、かくの如く互いに錯乱せし間、所領一所《いっしょ》に四五人の給主《きゅうしゅ》付いて、国々の動乱さらに休むときなし、（太平記巻第十二「公家一統政道事」）

官職の私領状態を否定する

後醍醐天皇は新政権を発足したとき、きわめて異例な政治制度の改革に着手した。それはなによりも自分に権力を集中するためであるから、これまでの朝廷内の有力な公家の力をよわめ、また自分の力を掣肘《せいちゅう》する制度を破壊することでなければならなかった。この改革のありようは、後醍醐の政治志向をみるうえで大事である。これまでの学界の到達点（佐藤進一…一九八三年）に依拠してのべよう。

わが国の官職は中世を通して特定氏族によって占有され、その職務が請け負われてきた。このため地方の国の行政権（国司）と中央の官職は、特定氏族の累代相伝の所領と化していた。これにたいして、後醍醐天皇はこうした相伝の状態を否定することから手をつけ、つぎに官位相当制を無視して、公卿《くぎょう》クラス（三位以上）の高官を積極的に国の守に任命した。官位相当制にのっとれば、国守は従五位上から六位下の者がなるのであって、三位以上の者にとっては卑官であった。

それなのに、あえて官位相当制を無視して、国司補任をおこなったのは、卑官ゆえに名義上の国守をおもてに立てて、高位の貴族が実質収入をうけとる知行国制度（これこそが国の家領化である）にメスを入れるためであった。また一つの国の国司を、律令制が保証する任期すら顧みず、頻繁に交替させることをおこなった。このようなことを恣意的に、かつ強引に行使することによって、新政府は累代の家領化した知行国を否定した。

つぎに中央官司の特定氏族による請け負い経営、累代私領状態にたいして、新政権はどんな改革をおこなったか。中央官司の改革はすでに後醍醐天皇の親政前期から酒造正《みきのかみ》の更迭をもってはじめられていた。酒造正は十三世紀以来、大外記《げき》（太政官少納言のもとで記録・公事をつかさどる）中原氏のもとに独占され、家職となっており、洛中酒屋役の課税権を手中におさめていた。しかし元弘元年には清原頼元《よりもと》にこの職をあてがったのである。

また建武元年（一三三四）九月以後には東市正《ひがしのいちのかみ》が中原章香《あきか》から名和《なわ》長年《ながとし》にかえられた。市正は東西市司《いちのつかさ》の長官である。市司は京職の被官として設置された官司で、京職が左京と右京に分かれたのに対応して、市司も東市・西市に分立した。名和長年は隠岐を脱出した後醍醐のもとに馳せ参じ寵遇を得ていたから、この人事に恩寵の意味があることはいうまでもないが、官職私領状態の否定の目的があったことも疑いない。この職が商業経済の発展のなかで、洛中の商業統制にかかわっていたことを考慮すると、商人武士であった経済通の長年がそこに任命されたのには、適任者として実質的な意味もあったろう。

天皇を掣肘する制度は否定

後醍醐天皇は建武元年（一三三四）十二月、八省（中務・式部・治部・民部・兵部・刑部・大蔵・宮内）の卿（各省の長官）全員を交替させた。そして驚くべきことに、八省は太政官議政局の下に位置していて、それらの職員は太政官議政局メンバー（左右大臣・大納言）に比べれば、はるかに下位である（卿であっても正四位程度）にもかかわらず、八省の長官（卿）に大納言（正三位）以上の上級貴族を貼りつけたのであった。

この人事の問題とすべきところは、八省の卿に宛てられた現任、前任の左右大臣、内大臣、大納言らの公卿が太政官会議の構成メンバーであったことである。この上級貴族の合議体（太政官会議）は、最高権力の天皇ないし上皇を補佐し、かつまた制約し、政策の決定と政務の決裁にあたることを任務としたが、そうした役割を担う合議体構成メンバーを、後醍醐は太政官の下の個別執行機関（八省）に配置したのである。このような事態は雑訴決断所の改編と伝奏結番にもみられた。土地関連の訴訟が激増したので、従来の体制では雑訴決断所が対応できず、四番編成から八番編成に改編拡充したことはすでに述べたが、そのさい大臣・大納言クラスの四ないし五人が決断所の頭人とされた。

宮中には政務を天皇に奏上する伝奏《てんそう》がおかれ、四番編成されていたが、ここでも改編後の雑訴決断所メンバーとおなじ人物、すなわち大臣・大納言クラスの上級貴族がふくまれていた。彼らはほんらい太政官議政局の貴族であるが、番編成されたかれらに議政局の合議はもはやありえなかった。ようするに、八省、雑訴決断所、伝奏などの要職を兼ねたのは、天皇の厚い信任があるためであるが、そうであるならば議政官にすべき人は、かれら以外にはいない。したがってかれらを各種機関の執行官にしたのは、そのまま太政官会議の否定であり解体を意味したと考えられるのである。

権力の中枢部におけるこのような制度上の改革が、後醍醐天皇の無制限な絶対化を希求した政治改革の一環であったことは明らかである。一連の中央官庁の人事政策は、国司その他の官職の私領状態を否定するとともに、既往の朝廷公家社会を強引に組み替える作業にほかならず、幾重にも矛盾につき当たらねばならなかった。公卿西園寺公宗《きんむね》が北条氏残党をひそかに邸内にかくまい、後醍醐の暗殺と建武政権の転覆を計画して、建武二年（一三三五）六月にこれが露見し八月に殺された。事件は驚愕すべきもので、後醍醐の政治の矛盾の深刻さをあらわしていた。

権威の秩序を破壊する

身分低きものへの破格の厚遇

後醍醐天皇の政治の特異なところは、上級貴族を実務職（低い官職）につけただけではなく、反対に身分の低いものに破格の官位、官職をあたえたことであった。中級貴族の千種忠顕《ちぐさただあき》には頭中将の栄職と、丹波国（知行国主の地位）をあたえ、さらに雑訴決断所の寄人《よりうど》にした。楠木正成には記録所・恩賞方・雑訴決断所などの重要機関につけ、河内その他いくつかの守護・国司に任じ、河内国新開荘《しんかいのしょう》・土佐国安芸荘《あきのしょう》・出羽国屋代荘《やしろのしょう》・常陸国瓜連など多くの所領をあたえた。

名和長年には記録所・雑訴決断所の寄人、東市正に任命し、従四位下と伯耆国をあたえた。かれは『増鏡』(第二十「月草の花」)では、さして名ある武士ではなく、賤しい民(あやしき民)であるといい、また別のある本では、かれが鰯《いわし》売りであったと伝えている(蔗軒日録)。結城宗広・親光父子は東北白河に本領をもつ地方武士で、楠木・名和とは趣を異にするが、一族の庶流にすぎぬかれらにも、奥州の検断職を付与するなど、*後醍醐は厚遇をほどこした。

「三木一草」(楠木・名和伯耆・結城・千種)に典型的なように、かれらへの分不相応な官位・官職・恩賞の授与は、従来の王朝政府が注意ぶかく維持してきた家格・格式の秩序を破壊するものだった。伝統的な貴族がいかに位階・職階の秩序を重視したか、常陸国で南朝の拠点づくりに尽瘁する北畠親房が、土地の武士たちを南軍に組織したいにもかかわらず、かれらが猛烈にほしがる官位官職を、ついに餌としても与えようとしなかったのをみれば明らかである。

北畠顕家は後醍醐天皇の人事、官位官職授与の無原則によほどの危機感を覚えたらしく、つぎのような厳しい批判を天皇にむけている。

朝官同士の交際は俗の世界をこえたところのものです。その仁でもないものが思いがけぬ幸運に巡り合ったとばかりに、ぞくぞくと朝廷にはいってくる状態です。そのうえ成り上がり者や武勇の者が、先祖の経歴（戦歴）の名をかろんじ、文官重職をのぞんで、ほしいままに不相応の朝恩にあずかっています。（しかし）おおよそ、官位やそれに相応しい服装（の許可）はみだりに与えるものではないでしょう。官位の無原則な授与は、上を蔑《ないがし》ろにする原因（僭上《せんじょう》の階《きざはし》―原文）となります。任官登用にあたっては、すべからく才能と家柄をみるべきです。（延元三年五月十五日北畠顕家奏状『中世政治社会思想』下、岩波書店、一九八一年）

京童が「キツケヌ冠、上ノキヌ、持モナラハヌ笏《しやく》持テ、内裏マジハリ珍シヤ」と揶揄する、「俄大名《にわかだいみょう》」成り上がり者の昇殿のありさまを、顕家はつよい危機感をもって苦々しくみていたのである。じっさいに新政当初から、雑訴決断所をはじめ各種機関に、「三木一草」らは次々とはいりこんでいた。後醍醐天皇の旧慣無視の人事は、おのれの権力に掣肘を加える一切の阻害物を除去するためであったが、それはけっきょく官位相当制に打撃をくわえ、さらに目に見えるかたち（服飾）で秩序を破壊してしまったのである。やがてこうした破壊が新政の崩壊につながるだろうということを、顕家は危惧していた。

朝廷が発布した成文法（公家新制）の条文が、官位官職と服飾の関係について、注意ぶかく規定しているのは、服の型、材質、色などが、貴族社会のあるべき秩序をつねに再生産し、維持する装置であったからである。官位相当の制度が無視されれば、その制度と一体の関係にある服飾の制度も攪乱される。そのうえ、およそ有職《ゆうそく》もわからぬ田舎有得人《うとくにん》が「内裏マジハリ」してきたのである。こうして家格・格式の価値意識は、人びとの頭からは消えうせ、かわりにゼニと腕力が価値の真ん中に座りこむと、新興階級の野卑な口のきき方、烏帽子《えぼし》のかぶり方まで、人は真似るようになっていった。**

＊　検断職はほんらい守護がもつ警察、刑事裁判の職であるから、結城宗広がこれに補任されたということは、奥州の守護職に宛がわれるに等しかった。政治権力が南北に分裂して北畠顕家が陣没したあと、結城宗広が起死回生をねらって、義良親王を奉じて陸奥に下ろうとしたのは、かれがそこの守護職にあったことによる。

「奥州は五十四郡、恰も日本半国に及べり、若し兵数を尽くして一方に属せば、四五十万騎も候へし、道忠（宗広）宮を挟《たばさ》み奉りて、老年の首に兜を戴《いただ》く程ならば、重ねて京都に攻めのぼり、会稽《かいけい》の恥を雪《すす》がしめん事、一年の内をば過ぎじ候まじ」と宗広がいったのは（太平記巻第二十「奥州下向勢遭難風付義良親王帰御吉野事」）、奥州が厖大な兵力の供給源であると当時認識されており、それをかれが守護の職権を梃子に引き出そうとしたということである。

＊＊　功臣名和長年は烏帽子のフォーマルな折り方を知らなかったらしく、『歯長寺縁起』によると、天皇処々の臨幸に供奉《ぐぶ》するとき、彼の烏帽子は他にくらべて異なっていたので、ひとはこれを伯耆様《ほうきよう》と呼んでもてはやしたという（伯耆様は長年が伯耆守であったことに由来する）。二条河原落書の一節にある「マ

ナ板烏帽子ユガメッツ、気色メキタル京侍」とあるのは、伯耆様をつたえているものか。また高師直《こうのもろなお》の恩顧に誇るものたちは、烏帽子の折りよう、衣紋のため様（着物の着方）をまねて、「此れこそ（此の俺こそ）、執事の内の人よ」と肩で風を切って歩いた（太平記巻第三十「将軍御兄弟和睦事付天狗勢汰事」）。

「権威」をばらまく

功臣たちの「朝恩に誇る事、傍若無人」（梅松論上）のありさまは、『太平記』に活写されており、後醍醐的な政治改革がつきしたがえた問題点をまことに生々しく見せてくれる。たとえば千種忠顕はつぎのようであったという。

　朝恩《ちょうおん》身に余り、其の侈《おごり》眼を驚かせり、其の重恩を与へたる家人《けにん》共に、毎日の巡酒《じゅんしゅ》を振舞《ふるまわ》せけるに、堂上《どうじょう》に袖を連ぬる諸大夫侍三百人に余れり。其の酒肉珍饍《しゅじくちんぜん》の費《つい》へ、一度に万銭も尚《なお》足るべからず。また数十間の廐《うまや》を作りならべて、肉に余れる馬を五、六十四立てられたり、宴《さかもり》罷《や》んで興《きょう》に和《か》する時は、数百騎を相随《あいしたが》へて、内野《うちの》北山辺に打ち出て犬を追い出し、小鷹《こたか》狩りに日を暮らし給ふ、其の衣装は豹虎皮《ひょうとらのかわ》を行縢《むかばき》に裁《た》ち、金襴纐纈《きんらんこうけつ》を直垂《ひたたれ》に縫《ぬ》へり、（太平記巻第十二「千種殿并文観僧正奢侈事付解脱上人事」）

ここではもう、一切の規則の箍《たが》ははずれ、過差《かさ》とおごりが瀰漫《びまん》し躍動している。『太平記』筆者はこれを評して、「賤《いやしき》が貴服を服《きる》、これを僭上《せんじょう》という、僭上の無礼は国の凶賊なり」といった。この非難はさきほど見た北畠顕家奏上にある「僭上の階《きざはし》」と共通する意識であった。

官位官職を乱発することが服飾の諸原則をくずし、そのことが引き金となって、家格・格式にもとづく秩序が壊れだしたことは、右の僭上のありさまから容易に理解できるが、ではその秩序崩壊にどんな意味があったのだろうか。そこで考慮すべきなのは、右のような生活はなにも千種忠顕にかぎらず、「俄大名」成り上がり者であれば、僧俗を問わずだれにでもみられ、しかも服飾の規定やぶりを突破口に、かれらの外貌と行動のすべてが、従来の規範・常識を踏み越えたことであった。

酒肉珍饈をつくして宴会をはり、大きな廐舎をつくって立派な馬を五、六〇匹もならべることも、本質においては豹や虎の皮で行縢をつくり、金襴纐纈の豪勢な衣装に身を包むのも、まったく変わりはなかった。こうした文化様式すべてが、家格や格式、伝統、身分といったものによって形づくられた社会の秩序をこわしていった。けっきょくそれは、これまでの公家社会が培ってきた、すべての根源である「権威」を壊していったということである。

「権威」を与え、大衆を引きつけたが

後醍醐天皇はほんらい資格のない者にまで、直接綸旨を与えることによって、列島の武士・武装民たちがもつ権威への憧憬を刺激し、さらに彼らをおのれの力に転化すべく、家格も格式も無視して官位官職の大盤振る舞いをおこなった。しかし考えてみれば、権威とは限られた者がもつから「権威」なのであって、大衆がこれをもったら「権威」ではなくなる。

「権威」の大衆化することが仮にあるとすれば、それは権威の道具（官位官職）で身を飾り、上層貴族の真似をするにとどまらず、いきおい人をして外面の恰好に精力を注がせたはずだ。南北朝時代に着物・持ち物・乗り物・人寄せ・宴会などの派手な見せかけが、際限なく競争的かつ浪費的におこなわれたのは、このことをあらわしている。

かくして「権威」の大衆化は、ひとつの大きな矛盾に逢着した。それは社会のどこを探しても、世の中を秩序づける本当の権威が存在しなくなったことである。ひとが精神的に帰服する、いかなる権威（すなわち忠誠の対象）も存在しなくなったのである。この混沌たる状況のなかで、急速に人びとの頭を支配しはじめたのは、競争的浪費を自己目的化した力の誇示であった。

権威を追い求めることから、力を信奉するところへとはいっていくと、ひとは一転して

図20　深編笠の男
（阿国歌舞伎草子）

旧来の権威をなんとも思わなくなる。そしてさらにこれを愚弄して、否定さえする「下剋上」の行動様式をとるようになる。後醍醐天皇の時代に跋扈したバサラ大名の「自由狼《ろう》藉《ぜき》」こそ、こうした思想展開をものがたっていた。

　後醍醐天皇の政治手法は「不撓不屈と謀略、したがって多分に柔軟性を持った目的主義を身上とする」行動と特徴づけられ（佐藤進一：一九六五年）、また「何でも利用できるものは利用する姿勢」、「そこに伝統や故実に対する配慮はなかった」といわれている（村井章介：二〇〇三年）。そうした天皇の「柔軟」で軽い政治手法が、とんでもないパンドラの箱を開けてしまったのである。

　鎌倉時代をとおして存在してきた神仏につながる天皇権威は、士卒民庶の世界に直結することによって、爆発的な討幕反乱のエネルギーを引き出したが、同時に大衆内部の「天皇制」は雑ぜ返され、かえってあるべき秩序を失わせた。皇居内では、ごみを捨て散らす

図 21　黄昏どきの遊民（七十一番職人歌合）

「毛色の変わった人間たち」や、物売り、笠や顔面まで覆う帽子をかぶった男たち、その他あやしい風体の者たちが、大手を振って歩きまわるようになった（笠松宏至：一九八六年）。

夕暮れ時になると、なにが面白いのか、そぞろ歩く色好みが、町の辻にはいっぱい見える。そしていっぽうでは、内裏拝みと称して、厚化粧の人妻が遊女のように街路にであるく（二条河原落書、原美鈴：二〇〇五年、新井孝重：二〇〇七年）。こうした人妻が内裏拝みといって、外に出たというのは興味ぶかい。皇居がある二条富小路あたりは物売りや、笠や帽子で顔まで覆った、風変わりな人間たちが歩きまわっていたが、さらに「ヨソノミル目モ心地アシ」き、男や女があらわれ、歓楽街のようになっていた。

もともと皇居の敷地内に車馬が通るのはふつうにみられ、なかには雑畜を放ち牛馬を飼うことさえ行われていたが（鎌遺一・五二五号）、それにしてもこれほどの無秩序と無軌道は尋常ではない。このような風景の現出が、大衆内部の混乱した「天皇制」と、だれが無関係であるといえるだろうか。無原則な官位官職の大盤振る舞い、「サセル忠功ナケレドモ、過分ノ昇進スルモアリ」、また「器用ノ堪否沙汰モナク、モルル人ナキ決断所」というような、偏頗《へんぱ》で乱暴な恩賞や人事、それらもろもろのすべてが、皇居周辺に現出した風景に集約されている、とわたしには思えるのである。

足利尊氏の反旗

尊氏、洛中警察権をにぎる

後醍醐親政がはじまってまもなく、政権内部の規律をめぐって深刻な対立が生じた。そもそも今次の鎌倉討幕戦争は、「君臣の礼節に背き国家の規範を顧みぬ」高時法師（北条氏）を打倒するだけではなく、「諸国を掠領し万民を労苦させる」支配権力を覆滅する革命であったはずだ。げんに京都総攻撃のまえに後醍醐天皇が布達した「勅制軍法の条々」には、「仁政を先んずべき事」の一条がもうけられ、そこではむやみな殺戮を禁ずるとともに、上下万民の命と財産に細心の注意をはらっていた。

尊卑男女の財を盗み奪い、日を逐て仏閣を暴《あら》し、人屋《じんおく》を灰燼としたり、在々所々を追捕するといった行いは、梟悪《きょうあく》も甚だしいものであって、獣心人面の者というべきだ、そのような逆党を誅罰しなければ、万民はどうして安心できようか（なんぞ手足を措かん―原文）、義兵が向かうところは、専らこの害を除くためである、しからば官軍士卒は上下心を同じくして、ただ叛者を伐《う》ち、衆人を煩わさず、ひとえに仁慈を先にし、さらに人を侵し奪うことがあってはならない、（中略）官軍入洛の時、寄宿の□その家主を扶持し、涓塵《けんじん》（ごくわずか）といえども家主の財を減らすことがあってはならない（これを費やすべからず―原文）、（光明寺残篇）

ところが後醍醐天皇の周囲には既存の権威に反発するばかりでなく、秩序そのものからはみ出した情動が渦巻いていた。アナーキーな情動は討幕戦争に勝利するといっそう昂じ、権力内部には無法で暴力的な行動を、革命的であるかのごとく容認する風がおこった。大《おお》塔宮護良《とうのみやもりよし》の武闘派的行動様式はその典型ともいえそうである。

かれは心のままに驕《おご》りをきわめ、世の誇りをわすれて淫楽にふけり、討幕戦争が終わってからというもの、強弓射る者、大太刀使うものと聞けば、忠もなき無頼の徒でもめしかかえた、と口をきわめて非難されている。護良の私兵は洛中毎夜京白河を徘徊して、辻斬りをはたらき、稚児・法師・女・童部の横死がたえなかったという。

大塔宮護良が無頼の私兵をかかえたのは、足利尊氏を倒すためであって、辻斬りは尊氏暗殺にむけた軍事訓練であった。しかしこれが尊氏打倒の有効な政治闘争となりえないのは、治安を悪化することがかえって、京都治安の担当者として尊氏の立場をつよめたことをみれば明らかだ。まして時の政治権力に与《あずか》るものが一般庶民に危害を加えれば、後醍醐の重大な失態ともなったであろう。すくなくとも大塔宮護良の孤立は免れえなかった。

洛中にあって急速に政治的立場を高めたのは、大塔宮護良の政敵・足利尊氏であった。六波羅攻撃軍に属す殿法印良忠《とののほういんりょうちゅう》の軍勢（大塔宮護良配下に属した）は、京都にはいるなり土蔵を打ち破り、財宝をはこびとった。そこで尊氏はその者どもをとらえ、二十数人を六条河原に斬って首をさらした。その高札には「大塔宮の候人《こうにん》、殿法印良忠が手の者共、在々所々において昼強盗《ひるごうとう》を致す間、誅するところなり」と書いた（太平記巻第十二「兵部卿親王流刑事付驪姫事」）。尊氏は庶民財産をまもる護民官としての立場を、はやくも社会に印象づけたのである。

おそらく足利尊氏はおのれが武家の棟梁《とうりょう》たるには、国家を鎮撫する治安担当者でなければならず、そのことが全国の武士をまとめる要諦《ようてい》であることを知っていたのだろう。武家のかしらとしては、まず警察権を握り、行使することが重要であったわけである。大塔宮護良は尊氏の武人統治者としての出鼻をくじくために、治安にたいする破壊行動をとったのであろうが、それは政治的には逆の効果をもたらすばかりで、全体としては後醍醐政権の権威をおとしめ、かつ尊氏の政治的輿望《よぼう》を高める結果となっていった。

尊氏、護良を排除する

後醍醐天皇は「今の例は昔の新儀なり、朕が新儀は未来の先例たるべし」と豪語し（梅松論）、果敢に旧慣を打破し新政策を打ち出したが、あまりにも観念的で現実を無視したものであったため、多くの政策はいきづまるか、新たな矛盾を生みだし破綻していった。政治の世界には対立の芽が生まれ、やがてそれは軋《きし》みをあげて権力に亀裂をいれていった。

対立する勢力の一方には足利尊氏がいた。かれのもとには新政権に憤懣をもつ鎌倉いらいの武士たちが結集していた。かれらの怒りは恩賞の偏頗・不公平、内裏造営のための増税のみならず、御家人の称号を廃止したところにあった。この怒りは大きかった。「御家人」はかれら鎌倉いらいの武士にとって、おのれのアイデンティティーともいうべきで、これを廃されればたんなる地侍悪党・非職《ひしき》凡下とかわらなくなる。

後醍醐が御家人制を廃したのは、征夷大将軍の地位を強引に認めさせた大塔宮護良にたいし、全国の武士が将軍の軍事基盤となる条件（それがまさに御家人制であった）をあらかじめ奪っておくことと、王土に暮らす人民はひとしく王民として、天皇のもとに位置づけられるべきであるという狙いからであった。しかし自立した封建領主として成長した武士たちには、そのような後醍醐の意図に納得する余地はなかった。「今の如くにて、公家一統の天下ならば、諸国の地頭御家人は、皆奴婢雑人の如にて有べし、哀《あわ》れ何《いか》なる不思議も出来《いでき》て、武家が四海の権を執る世の中に、又《また》成れかし」、とひとは思うのだった。

新政権に不満をいだく武士がかついだのが足利尊氏であった。そして足利尊氏の立ち位置（武家の棟梁として将軍を期待される位置）を見ぬき、敵意をいだいたのが大塔宮護良であった。かれは自分の息のかかった者たちが、昼強盗として首を刎ねられ、六条河原に晒されるという屈辱まで尊氏から受けている。そのうえに新政権の失政を衝いて、にわかに武家のチャンピオンとして浮上してきたのであるから政治的にもゆるせない。尊氏にたいしふかい憎悪をいだく護良が、ならず者・あぶれ武者を抱えて、尊氏暗殺の軍事訓練（辻斬り）をさせていたことはすでに述べた。

ついに大塔宮護良は、公然と足利打倒をさけんで尊氏邸を襲おうとした。だが尊氏のほうが一枚上手で、この情報をつかむなり、邸のある二条大路に武士を充満させ、四方をかため警護させたから、けっきょく護良党はなにもできなかった。尊氏はこの事態を利用して護良排除にでた。一説によると、護良はひそかに諸国の兵を召したが、そのためにしためた令旨を、足利は通信の途中で奪いとり、証拠として天皇の上覧にいれた。これにあわてた天皇は「全く叡慮にはあらず」ということで、宮の身柄を拘束し足利へ引き渡した。*できることなら護良を利用して尊氏をなきものとしたい、と天皇は考えていたようだし、このたびの一件は天皇と尊氏の関係を冷え込ませた。尊氏のほうは政権の外にいて自立した政治権力の形成を希求していた。政府の役所の名簿には、大功臣であるはずの尊氏の名はない。宮中の公家どもは「尊氏なし」とささやきあい水面下の暗闘におののいた。紫宸《ししん》殿《でん》の上には怪鳥があらわれ、「イツマデ〳〵」と不吉な声をあげて鳴いていた。建武政権はイツマデもつか、政権の崩壊と内戦の勃発は、もうそこまできていた。

* 大塔宮護良は鎌倉へ遷され、ならず者・あぶれ武者のおおくは始末された（保暦間記）。『梅松論』（天理本）によると、天下一統も大塔宮護良の智謀武略によるものであって、にもかかわらずその宮を武家の手に渡したのは、（後醍醐の）運が傾いた証拠であるとし、そのうえこのたびの宮の処分は「真ハ天気也ト云共、過ヲ宮ニ譲リ進セラレシ」結果のもので、鎌倉二階堂の牢にいるあいだ、宮は「武家ヨリハ君ノ恨メシク」思うといっていたという。

西園寺公宗の陰謀

建武二年（一三三五）六月二十二日、建武政権を震撼させる事件がおきた。朝廷の大物西園寺公宗がクーデターを計画しこれが発覚したのである。その内容は花見の宴にかこつけて、後醍醐天皇の行幸を自邸北山第にたまわり、湯殿のあがり場の下にしつらえた落し穴に、天皇を「陥入れ奉」って暗殺しようというもので、しかもかねてより通じていた北条氏残党の蜂起に合わせて、一挙に朝廷の政治権力を奪取するというものであった。

しかし計画は事前にもれた。そのため中院定平《なかのいんさだひら》・結城親光・名和長年らが北山第に急行し公宗とその一族、ならびに一味の日野中納言資名《すけな》・氏光《うじみつ》父子をとらえ、さらに後醍醐天皇の親衛隊長たる楠木正成と、京都治安担当足利尊氏の重臣・高師直が、兵をひきいて処々にむかい関係者をとらえたのであった（建武二年六月記）。この事件がおきる少しまえ、万里小路《までのこうじ》藤房《ふじふさ》が建武政権の失政に絶望し、政権から離脱したうえ隠遁してしまった。はからずも藤房の一件は、西園寺の事件が後醍醐政権の破綻から、発生すべくして発生したものと、世間にむかって決定的に印象づけるものとなった。

西園寺の事件は、たんなる権力欲に凝り固まった陰謀好きが起こした事件ではなく、もっと深い矛盾に根ざしていた。だから、とうぜんことは政権の安危にかかわる事態へと発展していくことになった。鎌倉時代には関東申次《かんとうもうしつぎ》として並びない権勢を誇ってきた西園寺家は、それまでの官位相当の制によってまもられてきた、拠るべき権威的秩序を後醍醐天皇によって破壊され、そのうえ政治的にも逼塞《ひっそく》させられていたから、建武政権にはいちじるしい憤懣をいだいていた。公宗の憤懣に火をつけ、権力回復を思い立たせたのは、公宗の邸宅にひそかに匿《かくま》われていた北条左近大夫《さこんだいぶ》泰家《やすいえ》であった。かれは、いまはなき北条高時の弟にあたる人物である。

新田義貞の乱入によって鎌倉は炎上し、高時とその一門は滅亡したのであるが、そのとき弟泰家は高時の幼児を家臣につけて落ち延びさせ、自分も敵中を脱して姿を消した。かれは奥羽へはしり、それから各地を転々として、ついには大胆にも京都へ上り公宗邸に潜伏したのである。ここで泰家は時興《ときおき》と名をかえた。いっぽう高時の幼児のうち、二男の亀寿丸《じゅまる》はうまく逃げきり、信濃の得宗被官諏訪《すわ》盛時《もりとき》にまもられて命ながらえ、このころ相模《さがみ》次郎北条時行《ときゆき》と名のっていた。また北国では越中国の守護名越時有《なごえときあり》の息時兼《ときかね》が生き延びて北条氏再興に執念を燃やしていた。

各地にひそむ北条氏と連絡をとりつつ、時興は公宗に謀反を語りかけた。時興の北条氏再興と公宗の権力回復の夢は一体融合し、クーデター計画となって急速に膨らんでいった。だが先にみたように、この計画は未遂におわった。公宗が逮捕されると、京都で挙兵することになっていた北条氏余類はみな東国・北国に逃げくだり、なおも北条氏再興の本懐をとげようとする。こうして公宗逮捕の約二〇日後（建武二年七月上旬）に、地方での反乱がおきるのである。じつは公宗の陰謀事件の根のふかさは、事件が武家社会の反政府運動に連動していたところにあった。

それは北条氏残党の野望にとどまる、旧体制復活のための反動・反革命とみるべきではなく、建武政権下にため込まれた広汎な「武士」階級の、あたらしい矛盾から発していたとみるべきである。だからことはクーデター計画の首謀者西園寺公宗を、処分ミスで誤って殺してしまったようにみせかけて、そのじつ処刑したところで、建武政権はなにも解決をみることができず、事態は地方反乱から武家社会の反政府運動へと発展することになる。それがやがて足利尊氏の新武家政権を生みだすのである。

第六章　正成、奇妙な敗北

ゆれる尊氏、反乱に起つ

尊氏、反逆する

建武二年（一三三五）七月十四日信濃国の武士たちは北条時行《ときゆき》を頭《かしら》にいただき、ついに挙兵にふみきった。ときを同じくして北国でも、北条時兼《ときかね》が諸族糾合して蜂起した。信濃の勢力は諏訪・滋野《しげの》をはじめ、保科《ほしな》・四宮《しのみや》・葦名《あしな》・那和《なわ》・清久《きよく》などの武士をくわえ、たちまちのうちに侮りがたい勢力に膨張した。こうした軍勢の結集じたい、広汎な武士たちが建武政権への反感をつよめていたことを示していた。北条時行・諏訪頼重《よりしげ》の軍勢は碓氷《うすい》峠から上野国へおしだし、鎌倉めがけて猛然たる進撃を開始した。

当時の鎌倉には成良《なりよし》親王（後醍醐天皇の息、母は阿野《あの》廉子《れんし》）をいただく足利直義《ただよし》がはいっており、義良《のりよし》親王（後醍醐の息、成良と同母兄弟）を将軍にいただき奥州に赴いた北畠顕家《きたばたけあきいえ》に対抗して、小幕府的な政庁をいとなむことによって東国武士をひきつけていた。ところがその鎌倉は、女影原《おなかげはら》・府中・井出沢《いでさわ》といった防衛ラインをつぎつぎ突破され危殆にひんした。直義は時行軍をくい止めるすべを失い、鎌倉の放棄をきめると二階堂薬師堂谷に刺客をおくり、閉じ込めた大塔宮護良《おおとうのみやもりよし》を殺害すると東海道を西へにげた。

鎌倉陥落の報がはいると、「天下又打返して見ヘケル程ニ」京都は大騒ぎとなった（保暦間記）。弟直義が打ち負けて、東国の戦略拠点を失うとあっては、これを足利尊氏は座視するわけにはいかない。いそぎ東下しようとする。そのさい尊氏は征夷大将軍ならびに諸国の惣追捕使に補任されたきむねを後醍醐天皇に要求するがみとめられない。全国の武士は国王のもとに一元支配されねばならない、と考えるのがそもそもの後醍醐の政治理念であることからすれば、尊氏の要求はそれじたいが建武政権にたいする真っ向挑戦であった。とうぜん後醍醐はこれを拒否する。

かくして尊氏は「無念ニ存《ぞんじ》ナカラ」かってに京都をでて関東へむかった。三河国で互いに再会した尊氏・直義兄弟は、成良親王を京都へ送還すると、そのまま鎌倉奪還をめざして東へ進んだ。海道の処々合戦に打ち勝って、建武二年（一三三五）八月十八日相模川に戦い、翌十九日足利軍勢は鎌倉にはいった。北条時行は逃れ、諏訪頼重らのおおくの重臣は自殺した。

尊氏が勅許《ちょっきょ》なきを無視して関東にくだるべく出軍すると、「公家に背き奉る人々其の数を知らず有りしが、皆喜悦《きえつ》の眉を開て御供《おんとも》」したというし、鎌倉を制圧したとき降参した「先代与力の輩」にたいして、尊氏が死罪や流刑をゆるすと、「元非をくひていかにも忠節をいたさん事をおもわぬ者ぞなかりける」というありさまであった（梅松論）。

武士どもが尊氏に慕い心服してくれば、尊氏は否応なくかれらにたいして、主君として応える必要が生ずる。『鎌倉大日記』には「尊氏、時行と戦うこと、屢《しばしば》にして之を破る、是において尊氏、鎌倉に入りて、みずから征夷将軍と称す」とあるが、おそらくこれは事実である。京都をでるとき、征夷大将軍の称号はゆるされなかったが、現実問題として諸国の武士をたばねるには、尊氏はまず将軍として臣従奉公する武士に、恩賞をほどこさねばならなかった。したがってみずから征夷（大）将軍と称することはありえた。

尊氏と後醍醐天皇の対立は、北条氏残党の蜂起を機に否応なく顕在化していった。それを尊氏個人の野心から説明するのはおそらく無理であろう。右のような武士たちの動きをみると、むしろ社会全体に占める「武士」階級の政治的自覚と、建武政権を拒否する世論が、尊氏の行動となってあらわれたとみるべきだろう。尊氏・直義は京都からの帰還命令を無視して鎌倉にいつづけ、*やがて鎌倉からライバル新田義貞の打倒を叫び、建武政権との全面対決につきすすむ。

＊　建武二年十月なかごろ、京都から中院具光《なかのいんともみつ》が勅使として鎌倉へ下向、軍兵の賞においては京にて綸旨《りんじ》をもって宛て行うから、尊氏はすみやかに上洛せよと命じた。これをうけた尊氏はいそぎ参上するつもりであった。ところが弟直義は、いまこうして兄上が鎌倉にいるのは、大塔宮護良いらいの兄上暗殺の陰謀から運よく逃れている状態なのだから、このまま鎌倉にとどまるべきです、と進言する（梅松論）。おそらく京都にはたしかに尊氏うつべしの空気が漂っていたらしく、ある記録では尊氏が上洛したなら、「道ニテ打ツ可キ由ヲ」天皇が義貞に命じていたという（保暦間記）。どのみち、建武政権期における武家と公家の路線対立は和解しがたいものとなっていた。それを認識しても、割りきった行動がとれなかったのが尊氏であった。

箱根・竹之下から京都をめざす

建武二年（一三三五）十一月十九日、足利尊氏の逆意を認定した政府は、一宮尊良親王《たかよししんのう》を上将軍として、新田義貞以下宮方の侍、在京武士、西国畿内の軍勢を関東にさしむけた。この報に接していちばん苦しんだのは尊氏である。尊氏は清和源氏源義国《よしくに》いらいの名門豪族の当主である。門地からして意識はあくまで貴族にちかく、ダメな平氏（北条氏）から、源氏（足利氏）が天子を守護する立場にとって代わろうというのである。あくまで自分は天子をお守りする立場にたつ、と考えているのである。

政治的な危機に直面すると、この意識が前面にあらわれるから、建武政権転覆の反乱にふみきれず、尊氏の頭をくるしめた。この時期の「公家と武家水火の陣」は、すくなくとも尊氏の主観では、おのれの意思からうまれた事態ではなかったのである。

そんなことだから、京都からの帰還命令が下されたとき、上洛しなかったのは自分の本心ではない、と「ふかく歎き思召《おぼしめさ》れ」たという。いかにも尊氏らしい動揺のしかたである。「竜顔に昵近《じっきん》し奉りて……恩言といひ、叡慮《えいりょ》といひ、いつの世、いつのときなりとも、君の御芳志を忘れ奉るへき」とかれは本気で思っていた。このためいよいよ討伐軍がせまると、進退きわまったすえに、けっきょく政務を直義にまかせ、浄光明寺に籠ってしまった（梅松論）。

ところが先発の防衛ラインである高師泰《こうのもろやす》が、東海道を討伐軍に押しまくられ、ついに箱根に布陣した直義もあぶない、ということになる。するとどうしたことか、とつぜん尊氏は束切りとて髪を短かくして、錦の直垂《ひたたれ》を着ると、軍勢をまとめ鎌倉をとび出した。足柄から竹之下方面に回り込んで一宮尊良、脇屋《わきや》らの軍を襲い潰走せしめ、佐野山に二条為冬

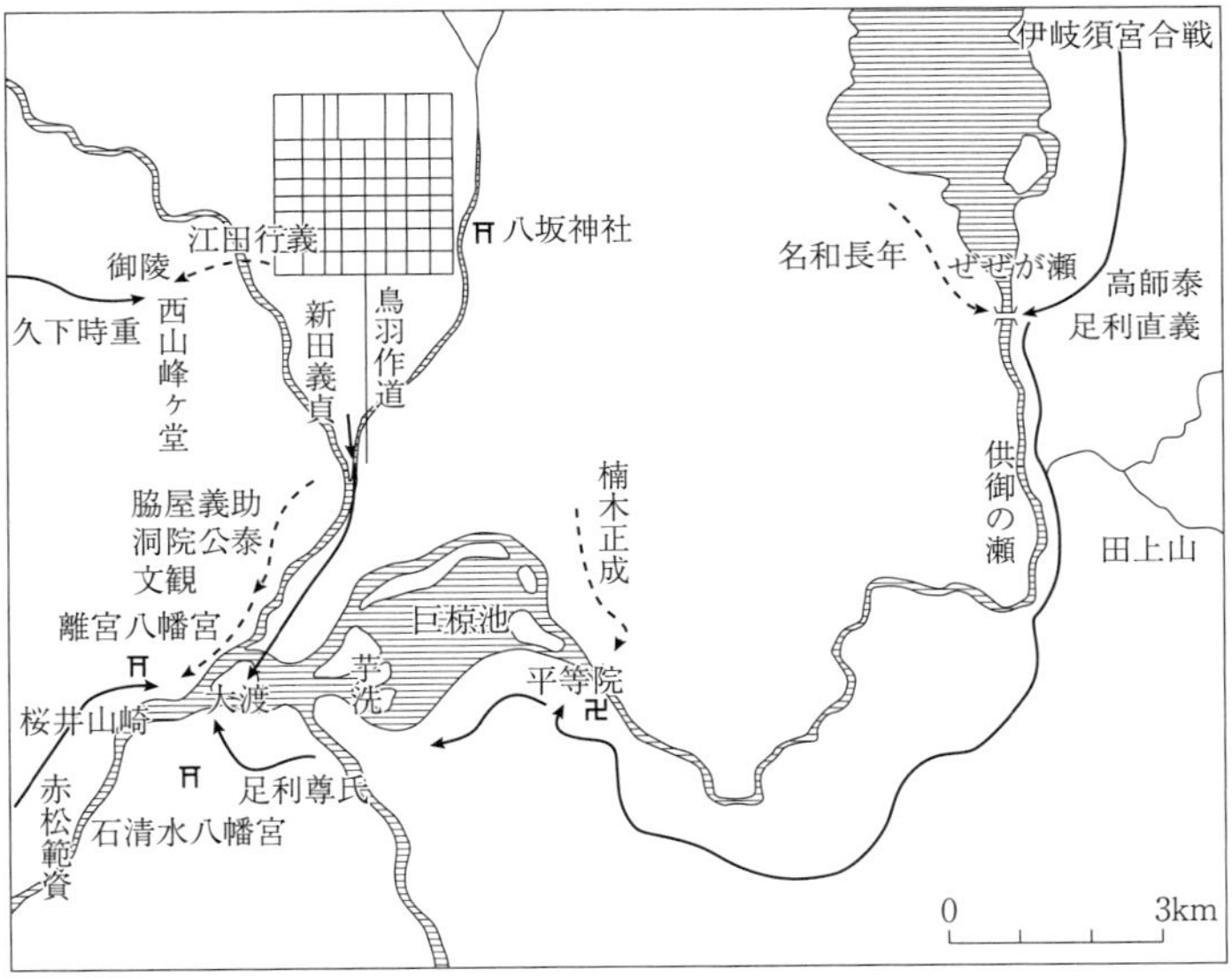

図22　足利尊氏上洛戦要図

を討ち取り、そのまま伊豆国府をめざして箱根峠（水呑）の新田義貞の後ろにでたのである。十二月十一日のことであった。これで箱根合戦の勝負は決まった。あせる新田勢はすぐさま引き返し、伊豆三島の尊氏軍の真ん中を強行通過し西をさしてにげた。

この月の十三日、足柄方面の尊氏軍と箱根の直義軍は伊豆三島に会し、そこで重大な決定をした。このまま鎌倉に戻るか、それとも海道・京都の合戦におもむくかという決定である。京都をめざすなら、これはもう建武政権との対決に決着をつけることにほかならず、建武政府の出方にもよるが、軍事的にはいくところまで行かねばならない。王朝に正面から敵対する決定に持ち込んだのは、天皇崇拝の尊氏のできることではない。やはり足利のもとに結集し、「思々の家の紋旗立並《たてならべ》て、風に飄《ひるがえ》したる」、この時代の自立せる封建「武士」階級であった。

ところでこのたびの合戦は、たんなる箱根地方に起きた局地戦、とみるわけにはいかない。これは宮方と武家方の中心メンバーが、ここで衝突したということであって、直義が新田義貞打倒を諸国在地武士に呼びかけ、後醍醐が尊氏・直義の誅罰を同じく呼びかけたとき、すでに日本列島は全面的な内戦にはいっていた。*したがって尊氏軍の移動は、あくまで内戦の中心舞台が移動しているにすぎないのである。年が明けて建武三年（延元元・一三三六）正月、近江国にはいった足利軍勢は、宇治川・淀川を挟んで京都防衛の宮方軍勢と戦闘を開始した。

＊　足利直義は建武二年十一月二日付けで、確認できるだけでも下野の那須太郎資宿《すけずみ》、出雲の諏訪部《すわべ》扶重《すけしげ》、播磨広峯《ひろみね》社別当貞長、安芸の小早川某、周防の長田内藤次郎教泰《のりやす》、和泉の田代顕綱《あきつな》、薩摩の渋谷、信濃の市河らに、「新田右衛門佐義貞を誅伐せらるべき也、一族を相催し馳参すべきの状くだんの如し」という軍勢催促状を発した。いっぽう後醍醐天皇も十一月二十二日から十二月十五日にかけて、松浦党や阿蘇・上田・入針原・志賀などの諸氏に、現在確認できるだけでも一一通の「足利尊氏、同直義已下の輩反逆の

企て有るの間、追討せられる所なり」という綸旨を出した。これをうけた九州の諸族は、十二月十三日ころから日向の肝付《きもつき》・伊東、肥後の菊池らが宮方に呼応し、尊氏方の諸族と相対し、両派いり乱れて戦闘開始した。二十六日には中国地方で武田氏が尊氏に呼応して挙兵した。

宮方軍事基盤の弱さ

叛軍足利勢の上洛をまえに、建武政権はどのような軍事態勢をとり、楠木正成はどのような動きをとっていたのだろうか。官軍として東下したのは新田の軍勢のほか、九州西国の軍勢もあったが、正成・名和《なわ》長年《ながとし》・千種《ちぐさ》忠顕《ただあき》は京都にとどまり、後醍醐天皇の禁衛として、内裏の警備についていたようである。かれらは京都がいよいよ危なくなって、はじめて足利軍の前面にたちあらわれた。

京都への入り口にあたる近江国勢田には名和長年が、宇治渡しには楠木正成が戦闘配置につき、山崎方面には脇屋義助・洞院《とういん》公泰《きみやす》・文観《もんかん》が、さらに大渡《おおわたし》には新田義貞が布陣した(図22参照)。宮方軍勢は綸旨によってかき集めた兵たちであるが、箱根の敗報がはいるなり、まったく意気が上がらず、戦う前に大半は逃げ散った。なんとか兵を引き留め、京都防衛に投入したくおもう政府は雑訴決断所に、「今度の合戦に忠あらんものには、不日《ふじつ》に恩賞行わるべし」の壁書を張り出したが、これの末尾につぎのような落書をして、ひとはこれをちゃかす始末であった。

かくばかり　たらさせたまふ綸言の　汗の如くになどなかるらん

（一旦出た汗のように、勅命はふたたび元に戻してはならぬものだというのに、実現されそうにもない勅命を、よくもまあ何度も出すものだなあ）

この落書に見えるのは、契約で軍事勤務する兵のドライな意識である。契約不履行の政府にたいする強い不信の念は、後醍醐政権の軍事基盤の弱さをそのままあらわしていた。それは契約（恩賞）でしか動かない兵の無思想性と、組織的な力を生む価値意識の欠如ともいえよう。政治権力は強烈なイデオロギーをおびながら、いっぽうでは兵の大半はなにも考えてはいなかった。そしてこのような傭兵を兵力としてあやつる政権幹部も、山崎に防御線を張った文観や京家の公家衆のばあいをみれば明らかなように、まったく精神的に無力であったから、瞬時のうちにに崩れ去るいがいにはなかった。

かくして石清水八幡の麓に迂回した足利尊氏の軍勢は、大渡に苦戦を強いられたが、山崎街道から文観ひきいる寄せ集めの傭兵軍勢を細川・赤松軍が突破すると、いっきに川を押し渡り、京都へつづく鳥羽作道を直進北上した。もちろん山崎が破られた時点で、勢田も宇治も大渡もまもる意味は失われ、名和や楠木・新田らはいち早く京都へ逃げ込んだ。

かれらは天皇を東坂本へうつし、いったんは足利軍の入京をゆるすこととなった。

入京の軍勢は結城親光・楠木正成・名和長年の宿館、政府高官公家衆の邸宅、さらには二条富小路《にじようとみのこうじ》の内裏まで火をかけ焼きはらった。この呵責なき兵の行動は、天皇崇敬の尊氏の意識をのりこえていた。急進的な「武士」階級の徹底性は、やがて佐々木道誉《ささきどうよ》や土岐頼遠《ときよりとお》の事件、そして高師直の言動につながっていく。道誉は紅葉の枝を折った若党が寺の雑人に打擲されたのに腹を立て、相手の妙法院《みようほういん》（後伏見院皇子亮性法親王が止住）に焼き打ちをかけ（太平記巻第二十一「佐渡判官入道流刑事」）、土岐頼遠は都通りで行きあった光厳上皇の牛車に、「院というか、犬というか」というなり矢を射ちこんだ（太平記巻第二十三「土岐頼遠参合御幸致狼藉事付雲客下車事」）。

そして師直にいたっては、「若し王なくて叶うまじき道理あらば、木を以て造るか、金を以て鋳るかして、生きたる院、国王をば何方《いずかた》へも皆流し捨て奉らばや」といってはばからなかった。箱根竹之下からはじまった建武の戦乱は、事実上の南北朝内乱の幕開けを告げており、その内乱に尊氏が勝ち進むには、こうした急進的な「武士」階級に依拠するいがいにはなかった。

正成、策を講じて奮戦す

正成、動く城をつくる

京都防衛に失敗した政府軍は、いったん東坂本に退却したが、建武三年（延元元・一三三六）正月十三日、鎮守府将軍北畠顕家が奥州軍勢をひきつれ東坂本に到着し、戦力を強めるとふたたび反撃に転じた。この奥州軍は、かねて新田義貞が足利討伐に東下したとき、中央からの出軍の要請をうけて出てきたが、箱根合戦には間に合わず、足利軍を追尾するかたちで、この日に東坂本に至り政府軍と合流したのである。

新田義貞・楠木正成らの政府軍は、足利軍の先鋒たる細川定禅の軍勢を三井寺《みいでら》に撃破し、逃げる軍勢を追って京都にはいった。三条河原に布陣した尊氏・直義の軍勢にたいして、対峙した政府軍の主力は新田の軍勢であった。正月十六日、義貞は鴨川河東の将軍塚と真如堂と法勝寺に軍勢を分け、さらに笠符《かさじるし》をとり捨てた兵を敵軍勢に潜り込ませて合戦をいどんだ。この作戦は少ない軍勢で足利の大軍にあたるのに一定の功を奏したようだ。軍勢内部に突如敵があらわれたから、足利軍勢は恐慌をきたして同士打となり、混乱のうちに京外に引かねばならなかった。

けれどもこの作戦は細川の奮戦で逆転され、ふたたび足利の軍勢が京都に進駐するところとなった。その後また政府軍に有利な事態がおとずれた。前年の十二月官軍東下のさい東山道より鎌倉へはいった搦手《からめて》の軍勢が、正月二十日東坂本に着いたのである。これに勢いづいた政府軍は、二十七日再度京都攻撃を敢行すべくうごきだす。このたびの合戦では楠木正成の作戦が久しぶりに冴えわたった。

ひとつは合戦当日、糺《ただす》の森から押し出した正成の軍勢が、上杉重能・畠山国清・斯波高経らの軍勢と渡り合ったときのことである。上杉らは出雲路の在家に火をかけた正成軍を、てっきり神楽岡あたりから出てきた比叡山の僧徒であるとおもいこみ、ならば相手は徒歩立ちだから騎馬をもって蹴散らせてくれよう、と考えた。ところが正成は騎馬の攻撃をすでに予測していた。

あらかじめ五、六〇〇帖の楯を作らせ、その両端に掛金と留金を打ちつけ、騎馬の攻撃に備えていたのだ。騎馬武者が攻めよせてくると、いっせいに楯と楯を掛金・留金で連結して並べ、その内側に兵たちはかたまり、弓矢で騎馬武者に応戦する。騎馬武者が引くと、一枚一枚にばらした楯をもち敵の最前に突進する、そしてまたばらばらの楯をつないで防御壁をつくる。いわば動く城郭をつくり、そこに拠る正成軍は上杉・畠山らの軍勢を、河原づたいに五条まで押しまくった。

二十七日の合戦は、正成の戦いに顕家の軍勢が加わり、敵・味方勝負がつかず疲労困憊の状態になった。が、そこに雙林寺・将軍塚・法勝寺辺に布陣する新田軍が、足利軍めがけて突撃した。尊氏の軍はこの猛攻撃に耐えきれず、京都市街地を西へ走り丹波方面へ逃げた。だが合戦のおわったあと正成はいう。一旦京都をとっても、現有の小勢では維持できない、だからここはいったん東坂本へ引いて、一日休養をとろう、と提案するのだった。政府軍が退去した京都には、尊氏の大軍がふたたびはいった。

正成、都市の戦争にいどむ

注目すべき楠木正成の作戦のもうひとつは、その翌日（二十八日）、翌々日（二十九日）にみられた。尊氏がふたたび京都を占領した翌日（二十八日）のことである。葬送に携わる律僧が、洛中のあちこち、戦闘のあったところにあらわれた。かれらは一心に死骸をさがしているようだ。これをみた足利軍の兵がことの由を問うと、僧たちは悲嘆の涙にくれながら、昨日の合戦で新田殿・北畠殿・楠木殿以下主だったもの七人までが討たれました、追善供養のためにそれらの死骸をさがしております、とこたえる。

これを聞いた足利尊氏をはじめ、高・上杉の者たちは、敵は勝ち戦であったのに京を退いたはそのためか、ならば何処にか、楠木らの首があるだろう、探して獄門に懸け大路を渡せ、ということになった。*おなじ日の夜、楠木正成は手の者たちに松明を二、三〇〇〇も焚かせて、大原・鞍馬方面の山道をくだらせた。これをみた足利の軍勢は、すわや、山門に拠る政権側の兵どもが、大将を討たれたとて、方々へ落ちて行くぞといい合い、それなら落とさぬように方々へ軍勢を差し向けよ、と尊氏は命令する。

かくして洛中の足利の大軍はいくつにも分かれて、鞍馬路・大原口・勢多・宇治、嵯峨・仁和寺のほうへと向かった。このため肝心の洛中の軍勢はまったく少人数になってしまった。正成はそこをねらったのである。翌日（二十九日）、比叡山から西坂本におりくだった政府軍は早朝六時ごろ二条河原に押し寄せた。足利軍勢はよもや敵が寄せるとは思ってもいなかった。しかも軍勢の多くを諸方に分散しているため防ぐ力もない。慌てふためめく足利軍は楠木らの軍勢に抗することができず、洛中市街から押しだされた。丹波路をさして、あるいは山崎方面へと、総崩れとなって敗走しさったのであった。

この一戦は少ない兵力をもって、敵の大軍を打ち崩した、おそらく都市の戦争では唯一のケースである。京都に入った足利の軍勢が、『太平記』にあるように八〇万騎というのはあまりに無稽であるが、それでもこの前後の着到状《ちゃくとうじょう》、軍忠状《ぐんちゅうじょう》の今に残る数の多さをみれば、諸国から馳せ加わった武士の数は非常におおく、足利軍が建武政府軍にくらべたら圧倒的な大軍であったことが推測される。

その大軍勢をまえにすくない軍勢が対戦するには、敵の兵力を分散させて、本隊をできるだけ小さくし、そこをねらって集中的に攻めるいがいにはない。そのための作戦をたてるのに、正成は京都の地形と交通、ならびに敵兵の心理、指揮官の認識まで多面かつ総合的に考えぬいていた。

オランダの歴史家ホイジンガは、古い時代の人間の戦いは、ルールにのっとっている点で遊戯にちかく、また名誉をあらそう競技でもあったことを指摘している。そのような戦いの肝心かなめが、戦いの時間と場所に関する協定であった。戦いのための場所は杭でしきられていた。それは正規の戦闘をさす英語、「正々堂々の戦い」a pitched battle（杭を打った戦い）という語のなかに生きているという（ホイジンガ：一九八九年）。

こうしたふるい戦争のしかたは、わが国の南北朝時代にもみられる。たとえば箱根に敗戦した新田義貞が富士川を渡って西走するさい、敵の足利軍が追撃してくるのが分かっていながら、わざと自軍が通過したあとの橋を破壊しなかった。これなどは、そのよい例といえる。義貞は負けても、敵に渡河の便宜を与え、「正々堂々の」名誉にこだわったのである。だが楠木正成にはこのような戦争にたいする価値意識は存在しなかった。

正成にとっての戦争は競技でもなければ遊戯でもない。とうぜん戦う場所（戦場）は杭を打ったリングではない。京都に進駐した足利軍と戦うのに、リング（洛中）の外（鞍馬・大原・勢多・宇治・嵯峨など）に陽動作戦を展開することなどは、まったく意に介さず、なんの躊躇もすることはなかった。正成の戦い方は赤坂・千早・四天王寺の戦から一貫して、遊撃戦・待ち伏せ・奇襲、あるいは心理的陽動を組み合わせた、変幻自在の戦線なき戦いであった。

＊ 足利軍勢は洛中の死骸の中から新田・楠木の首をさがしたが、それらしいものは見あたらない。あまり首がほしいものだから、人相が似た首ふたつ獄門の木に懸け、「新田左兵衛督義貞・楠木河内判官正成」と書きつけておいたところ、その札に「これはにた首なり、まさしげにも書ける虚事かな」とふざけた洒

落を書く者がいた。「にた」は新田、「まさしげ」（それらしく）は正成を掛けている。血眼《ちまなこ》になって首をさがしまわり、体面をつくろうように大真面目に札を掲示する軍の幹部を、このように洒落のめすのは恐らく京童か、近在からの雇われ雑兵でもあろうか。

中世の猿楽には秀句《すく》という、日常のことば遊びがおおきな位置を占めていた（林屋辰三郎：一九六〇年）。秀句をもって支配者の面子や堅苦しさを、いっぺんにひっ繰り返す遊びのセンス、批判のセンスは、わたしたちの世界には既に存在しない。それらは近代国家の軍隊を支配した、上官絶対の陰惨で暴力的な制度によって、日本人の精神から完全に払拭されたものと思われる。なお、新田・楠木の首探しだが、これはたんなる『太平記』の創作ではなく、じっさい行われたらしく、越前国のある武士は、赤糸縅《あかいとおどし》の鎧が新田義貞のものに似ていたため、誤って別人の首を足利陣地に持参している（梅松論）。

敗軍について、勝軍を捨てる軍勢

京都を追い落とされた足利尊氏・直義は、丹波山地を迂回して播磨に出て、それから赤松にたすけられて摂津兵庫に落ち着き、いちどは打出西宮、さらに豊島《てしま》河原へ軍勢を押しだした。だが、楠木正成と新田に打ち負かされ、*けっきょくは建武三年（延元元・一三三六）二月十二日、西海にただよい九州へ下っていった。この報が京都にもたらされると、諸卿廷臣は歓呼の声をあげ、「今ハ何事か有るべき」とよろこびあった。

そのときである。楠木正成が御前にすすんで、驚くべき「不思議の事」を上奏した。かれはいきなり、義貞を誅伐して、尊氏卿を召し返され、君臣和睦なさっていただきたい、御使はこの正成がつかまつります、といったのである。これには廷臣たちは驚きあきれ、つぎには嘲り笑ったのだが、正成は本気であった。かれは事態の流れを見すえて、現政権が持ちこたえるためにできる、ぎりぎりの打開策はこれしかない、と考えたのである。

かれは考えた。このかんの政治は破綻している、現政権は人心をうしなっており、足利尊氏との戦争に勝てる見込みはない、ならばいっそこの戦争を源家同士の私闘（尊氏と義貞の私闘）にしてしまい、そのうえで政府は義貞を斬って、尊氏を政府に召すのがよかろう、と。このような認識に正成がいたったのは、やはりこの局面でみせた足利尊氏の声望ゆえであった。すでに現政権は評判かんばしからず、そのうえ新田の能力とくらべたら、足利のほうがはるかに上で、人びとの好感はすべて尊氏にもっていかれていた。

このことを論証するために、正成が申し述べた内容は、後醍醐天皇にはまことに手厳しいものだった。天下の諸侍はみな尊氏についていくありさまです、負けた足利軍に武士はもちろん、京都のものまでがつき従い、勝ったはずの天皇の軍を捨て奉ったではありませんか、これをもって帝はご自分に徳がないことを知るべきです、といったのである（梅松論）。朝廷のなかでは、天下はまた太平に帰した、これも「此の君の聖徳《せいとく》天地に叶《かなっ》」ているからで、「如何なる世の末迄《まで》も、誰かは傾け申すへき」などという声が聞こえる（太平記巻第十五「主上自山門還幸事」）、そのような空気を引き破って、正成は正反対のことをいったのである。

徳がないとまでいわれた後醍醐天皇が、どのような反応をみせたかは分からない。しかし権力の正当性から政治を論ずるならば、「徳」の問題は避けて通れなかった。正成はあえて人心が離れていることを指摘して（徳の欠如を指摘して）、破綻した政治権力が、それでも生きつづけようとするなら、そのための戦争がいかに難しいか、ということをいい切った。正成の顔には苦悩がにじみ出ていた。尊氏・直義が九州から再上洛してきたときは、もう自分たちには防ぐ手立てはないのである。

倩事《つらつらこと》の心を案するに、両将西国を打靡《うちなび》かして、季月（一ヵ月）の中に責上り給ふへし、其時ハ更に防ぎ戦う術のあるへからす、上《かみ》に千慮有るといへとも、武略の道においてハ、いやしき正成が申す条たかふへからす、（梅松論）

＊ 摂津国西宮浜に足利尊氏が打って出ると、楠木正成の軍が馳せ合わせて、追っ返しつ終日戦ったが、なぜか「夜に入って如何思ひけむ、正成没落す」という行動をとった。これは正成が尊氏と朝廷との妥協の可能性を考えて、軍事的対決がとことん行くところまで行ってしまうのを、避けたく思っていたためでは

ないか、という説がある（林屋辰三郎：一九六七年）。傾聴すべきである。

戦争に勝って、政治に負ける

京都防衛を献策す

西海にただよう足利尊氏は、たんなる敗残者ではなかった。正成がいうように、彼のもとには多くの人びとがつき従い、途中からは陸続として各地の武士があつまってきた。尾道までくると、九州筑前の住人が、わざわざ出迎えに参上してくるほどだった。筑前国御家人朝町《あさまち》彦太郎光世《みつよ》は尊氏逗留の尾道泊《とまり》に馳参し着到状を出した（宗像文書）。武士が参集したのは、建武政権のために衰弊したおのれの生活、旧御家人の地位を恢復するのに、足利尊氏を押し立てるいがいにはないと確信したからである。

このころになると尊氏は、後醍醐天皇の政治から決別し、ふっ切れており、はっきりと

「武士」階級に基盤をおき、武家政治を復興しようとする路線を想いえがいていた。武士たちはそれに期待したのである。ならば尊氏はこれを機に、元弘三年に所領没収された武士たちの、窮境にこたえねばならない。元弘没収地返付令はそのための第一策であった。「この所、元弘三年以来収公《しゅうこう》せられると云々、相伝《そうでん》の文書に任せて、元の如《ごと》く知行《ちぎょう》相違あるべからず」という（小早川什書、三宝院文書など）、尊氏の袖判《そではん》のある文書を手に、人びとはよろこび勇んで足利軍に付き従ったのである。

力を強める足利尊氏の軍勢は、途次中国・四国筋に一門、譜代の有力武将を配置して、京都政府軍の追撃をくい止め、かつスムーズな上洛のための手を打ちながら九州へくだる。そして鎮西最強の宮方菊池軍を筑前多々良《たたら》浜で破ると、武器・人員をさらに充実させて、ふたたび京都をめざして進発した。海上には数百艘の大部隊が東にすすみ、途中からさらに中国四国筋の部隊が、やはり五〇〇の船をしたてて足利軍に加わる。備後国鞆《とも》からは直義の部隊が陸に上がって東へ進む。

いっぽう尊氏討伐の出だしにもたついた新田義貞は、赤松円心《あかまつえんしん》がこもる播磨国白旗城《しらはたじょう》の攻囲戦に、あたら時間だけをすってしまい、一門の脇屋・大井田《おおいだ》らの軍勢は山陽道に深追いしすぎて、しかもほとんどの敵城を落とせずにいた。そこに満を持しての足利軍勢の大挙上洛である。脇屋・大井田らは必死に逃げ戻る。義貞は兵庫まで引いて、そこで防戦する旨を早馬をもって京都に知らせた。宮中は大騒ぎとなり、さっそく楠木正成が呼び出され、ただちに兵庫に行き、義貞に協力して合戦すべきことが命ぜられた。

これにたいして正成は上奏する。足利軍勢は九州を打ちなびかせて上洛してくるのだから、きっと雲霞《うんか》のごとき大軍であろう。わが方の疲れた小勢が、勢いに乗った大軍にあたってもかなわないから、いそぎ義貞を召しかえし、天皇は山門へ臨幸していただきたい。正成は河内へくだって、淀川尻を差し塞ごう、とこういうのだ。そうすれば九州・瀬戸内からのコメを止めることができる。北国方面からのコメは、山門の軍勢が東坂本を封鎖して止める。足利軍は京都に入っても兵糧に苦しみ、日に日に弱っていくはずである、というわけである。

かねてより正成は、九州で力を盛り返した足利軍が、上洛して戻ってくることになれば、もはや防ぐ手立てはない、といっていた。その彼にとっては、軍事対決を避けて敵に都を明け渡し、時間をかけながら糧道を絶ち、敵の体力をよわめる、というこの案いがいには考えられなかった。

恐るべき観念論、正成を潰す

楠木正成の案をまっさきに覆したのは坊門清忠《ぼうもんきよただ》であった。清忠は建武政権下に従二位にまで上った、後醍醐天皇側近中の側近である（かれは天皇の吉野遷幸のおりには、これに従い、吉野山で没した）。かれはいう。征罰のために差し下した節度使（新田義貞）が、まだ一戦もしないうちに、（一年のうち）二度も帝都をすて山門に臨幸するのは、帝位を軽《かろ》んずるものであるし、また官軍のあるべき道を誤らせるものだ。たとい尊氏が筑紫から軍勢を率いて上洛しても、去年東八ヵ国の勢を従えて上ってきたときの軍勢にはまさか及ぶまい、と。つづけてこうもいう。およそこのたびの戦いの初めから、敵軍敗北の時（正月の洛中合戦・尊氏西走）に至るまで、わがほうは小勢なりとはいえ、毎度敵を攻め靡《なび》けなかったことはない。これはまったく（正成の）武略が勝《まさ》っていたからではない、もっぱら聖運が天の意志にかなっているからだ。だから、ただ戦を帝都の外に決し、敵を斧鉞《ふえつ》のもとに撃滅することに、なんの困難があろうか。ただちに楠木は摂津へ下向せよ、というのであった。清忠の理屈によると、天皇の運命が天意にかなっている限り、官軍は無敵であるということになる。

言い換えるなら、正成の存在などは一顧だにしないということであった。これまで勝てた原因が正成の「武略」でないのであるから、戦争における正成の戦略家・戦術家としてこれまで尽くしてきた働きは、価値のないものということになる。それでいて、すぐに摂津へ下れという。合戦のすてごまとしては最後まで使いきろうというわけである。いかに楠木が身分賤しい小武士であるからといって、かれはこの政権のために全霊を傾けた人物だ。そのかれにむかって、いままさに転覆しようとする後醍醐政府が、浴びせたことばがこれであった。

かねてから、天皇に徳がないから人がはなれる、戦うまえから我がほうは、足利尊氏に負けている、とみるのが正成であった。その正成にむかって、聖運は天意にかなっているのだから負けるわけがない、というのが清忠であった。こうなると正成には、もうことばがない。「此の上はさのみ異議を申すに及ばず」と引き下がり、すぐさま五〇〇騎の軍勢をひきつれて京都を出た。兵庫へ向かうかれは、深い絶望感につつまれていた。絶望感だけではない。言い知れぬ怒りもこみあげていたろう。そうした正成の気持ちを島津家本・西源院本『太平記』はこうあらわしている。

此の上は異議を申すに及はす、さては大敵を随へ、勝軍《かちいくさ》を全ふせんとの、智謀叡慮にてはなく、只弐心《ふたごころ》なきの戦士を、大軍に当《あて》られんと計《はからう》の仰《おおせ》なれば、討死せよとの勅《ちょく》定《じょう》こさんなれ、（参考太平記）

清忠の言を天皇の意思であると受けとった正成は、ここではじめて、はたと気付いたのである。驚きと名状しがたい絶望感は、「さては……討死せよとの勅定ごさんなれ」（さては……討死せよとの天皇の命令か、まさにそうであるにちがいない）ということばによく表されている。このことばはもちろん太平記語りの表現（創作）であるのだが、正成の心境はおそらく実際も、こうであったとおもわれる。おのれの人生を振り返ったとき、鬼か夜叉羅刹のごとき合戦の人生であった、と正成はつくづく思ったにちがいない。そうであればなおのこと、絶望感はそのまま、天皇に裏切られた、という気持ちに移っていったろう。

「いやしき正成」の自己完結

五月末といえば、いまの七月上旬にあたる。楠木正成はただ押黙って、むし暑い山崎街道を西へ馬をあゆませていた。そのかれはじつに孤独であった。元弘のとき金剛山に楯籠った正成の周囲には、数も分からぬほどの大衆が悪党、足軽、野伏となって群がっていた。武装せる大衆は畿内の各所に蜂起し、正成に呼応していた。ところがいまは和泉・河内の守護として、勅命をこうむって軍勢を催しても、親類一族さえ難渋の気配であり、国人土民はその影すらみせなかった。

あきらかに「天下は君に背《そむ》き奉《たてまつり》（て）」いた。「天下」＝大衆の支持をうしなった軍事力は無力である。このことを知っている正成ではあったが、徳を欠く後醍醐天皇をすてることはできない。「討死せよ」との勅命をもって正成はすてられたが、それでも後醍醐から離反することはできなかった。なぜなのか。わたしたちにはここに、正成像をめぐる本質的な問題がひそんでいると思えるのである。

かれはもとをただせば、北条得宗家の被官人であった。一族が河内国に住みついたのは、安達氏滅亡のあとのことである。安達の所領であった観心寺が得宗領となって、楠木氏は北条氏の代官としてそこに入ったのである。観心寺を足場におくかれは、合戦の名人として名をほしいままにした。北条氏の番犬たる楠木正成は、反抗する御家人をつぎつぎ撃滅し、世人から恐れられた。

俊敏な戦闘のゆえにだけ、正成は恐れられたのではない。かれの身をおく世界が社会の辺界、吹きだまりのようなところであったとしたら、そのことのゆえに怖れられたという側面も考慮すべきである。世間からの恐怖の念は蔑みにちかい、あるいは差別にちかいところから発していたのかもしれない。賤民猿楽の芸能民、陰陽師・山伏・非人法師などの宗教民、あるいは盗賊・武装商人などが本営とする散所をしきる、そこの長者であったとしたら（林屋辰三郎：一九五五年）、正成にたいする世間の恐怖はこの方面からも考えられるのである。

世間がおのれを怖がるのは、楠木正成のあえて甘んじて受けるところであり、ひょっとしたらそれを喜んでいたかもしれない。なぜなら蔑みと差別をふくむ恐怖の念が、世間のなかで強ければつよいほど、〈世間の秩序〉を超越して天皇に直結している、おのれのあり方をかれは明瞭に確認できたからである。正成はしょせん武家を裏切ったアウトローであった。いまさら武家社会に身をおさめることはできない。既存の法の枠組みを無視する後醍醐天皇と、一体の関係にあることが確認できれば、おのれの名分（賤しいおのれの身分がつき従える道義上の分限）は維持できたのである。

だから天皇の命令が、「討死せよとの勅定こさんなれ」と気づいても、またそれを天皇の不徳と恨めしく思っても、けっきょくはその勅定をこうむって「忠臣勇士」として死ぬことになる。天皇を捨てることができずに死ぬのである。それは怨念に満ちた死に方だが、正成は自分の死をとおして自己の名分をたもとうとした、と理解するいがいにはないのである。そう考えると、湊川合戦で死ぬことは正成にあたえられた、ほかに選択肢のない、人生の仕上げ＝自己完結であったのかもしれない。

湊川合戦、「罪業深き悪念」の最期

建武三年（延元元・一三三六）五月二十五日、後醍醐政権軍と足利軍勢は摂津国の兵庫で激突した。雲霞のごとく押し寄せる陸海の大軍勢を待ちかまえ、政府の新田軍は兵庫和田《わだ》岬《みさき》辺に布陣した。脇屋義助の勢は経島《きょうのしま》に、大舘氏明《おおたちうじあきら》は灯爐《とうろ》堂《どう》の南浜に、そして総大将新田義貞は和田岬に幔幕《まんまく》をはりめぐらせて陣を張ったのである。いっぽう楠木正成は一〇〇〇騎にみたない手勢を率いて、湊川西岸に楯をつきならべて、陸上の直義軍をむかえうった。

巳の刻（午前十時ころ）陸上の足利軍は山の手・須磨口・浜手の三隊に分かれて同時に前進を開始、海上軍はこれに呼応して大鼓を鳴らし鬨《とき》の声をつくった。むかえる政府軍は楯の端を打ちならし、故籙《やなぐい》を叩いて雄叫びをあげた。海上足利軍の一隊、四国の細川勢は湊川河口東側の紺部《こんべ》の浜（神戸の浜）に上陸しようとする。これを阻止しようとする新田軍は波打ちぎわに陣形をつくる。

すると上陸軍（四国細川の船団）は、かまえる新田軍を避けて東へ漕ぎうつる。こうして海と陸の両軍は白刃をかざして向かいあったまま、どんどん東へうごいていった。陸の大手に陣取る楠木正成から、義貞の軍はとおく離れてしまい、このため和田岬に漕ぎ寄せ陸にあがった九州・四国の軍勢によって分断されてしまった。正成軍は背後からとり囲まれ、新田軍との連絡を断たれてしまったのである。新田は上陸しようとする敵に気をとられたふりをして、正成軍勢からわざと離れたようである。

正成と舎弟正季七〇〇騎は直義の大軍にむかって突っ込んだ。敵の大軍のなかを東から西へ割って通るかと思えば、北から南へ追い散らして駆けぬける。正成は直義に追いすがり、もう少しのところまで肉薄した。しかし討ち取ることもかなわず、六時間一六度におよぶ激闘で、しだいに兵の数を減らしつづけた。わずかに七〇騎となった正成らの一隊は、疲労困憊のすえに、もういいだろうと判断したのか戦いをやめた。そして戦場の北にある在家集落へ退却するとそこで自害したのである。楠木一族と手のもの、一所に自害するものは二八人であった。

小家にはいった楠木一党は火をかけて自害した。そのあと、細川（定禅？）一族の者によって正成は首を取られたという。首をとった者はこのほか高尾張守（師業）の手の者とか（梅松論）、かれを自害においこんだのが大森彦七であるとか（太平記、後述）、正成の最期については記録や伝承に諸説あるから、じっさいのところ楠木がこもる小家のまわりには幾人もの軍勢が取り囲んでいたのだろう。兵庫陣地で首実験され、遺体は魚御堂という

図23　最期の楠木正成、なにを語るか（湊川合戦図屏風）

僧所（葬所か）にほうむられた。尊氏は所領五〇町を堂に寄付して孝養をほどこした（樋口州男：二〇〇八年）。

死にのぞむ楠木兄弟の会話はまことに鬼気せまるものがあった。『太平記』（巻第十六「正成兄弟討死事」）によると、正《まさ》季《すえ》が「七生《しちしょう》まで只同じ人間に生れて、朝敵を滅ぼさばや」という。これに正成は嬉しげにうなずき、最期の一念としてはいかにも「罪業《ざいごう》深き悪念《あくねん》なれども、われもかやうに思ふなり」といい、いざやともに生まれ変わって「本懐を達せん」とちぎりをかわし刺し違えたのである。

いっぽう新田軍は楠木をおきざりにして潰走し、正成死すの報をうけた後醍醐政府は、けっきょく山門に逃げこむ。ここに建武政府は崩壊する。政府防衛にあたる千種と名和は、そのごの烈しい比叡の山岳戦、ならびに京都市街戦で相次いで戦死する。

正成の死は、政権内部での枯死

楠木正成が中央政治の舞台に活動したのは、元弘元年（一三三一）九月河内金剛山の西麓赤坂城に蜂起してから、建武三年（延元元・一三三六）五月湊川に討ち死にするまでの、わずか五年に満たぬ間であった。それでもかれの人生を顧みると、元弘三年（一三三三）五月鎌倉幕府が滅亡するまでの前半と、それ以降の後半とにわけられる。前と後ではその色調において大きな違いが認められる。それは正成の人生が激しい起伏をともなっていたことを表しているのだろう。

前半の討幕戦争を戦う正成には生気がみなぎりかがやきがあった。一三、四世紀はあいつぐ天変地異と疫病が地をおおい、収奪と貧困が労働庶民をうちのめす時代であり、一方ではわき上がる怒りと反抗が権力を震撼せしめ、大地をうごかす革命の時代にもなっていた。力に満ちた大衆の戦いを、ダイナミックにリードしたのが前半期の楠木正成であった。かれは権威をあざけり哄笑《こうしょう》する無数の野伏・悪党・盗賊をひきい、民衆の英雄として歴史に登場した。大衆の歓呼だけが、潑剌とした力を正成にあたえていた。

ところが建武政権の成立から崩壊にいたる後半の正成には、まったく生彩がみられない。かれは後醍醐天皇の恩寵にあずかり、破格の出世をとげたが、しかしそのこととひきかえに民衆的基盤をうしなった。すでに述べたように正成は、名和長年とおなじく身分の賤しい武装民であった。そのかれが天皇に直結し、禁衛の軍事力に収まったことは、これまでの権威秩序を攪乱する意味をもった。旧慣を無視する後醍醐自身の政治手法によるものであったが、それは権威秩序を攪乱してしまう可能性をもったということである。

これにたいしては、貴族支配の根底を脅かされかねぬ、とみる向きが存在したはずであって、そうおもう人びとからは、正成は激しく嫌悪されたであろう。北畠親房《ちかふさ》などは正成にたいしてまったく冷淡で、自著の『神皇正統記《じんのうしょうとうき》』には湊川合戦について「官軍利無くして都に帰参せし程に」とあるのみで、正成の死などには一文字も費やすことはなかった。そのうえ、後醍醐の吉野遷幸のところでは、南朝の兵である正行《まさつら》について、「河内国に正成といひしが一族等を召し具して」と、父親の正成と名をとり違えるほどであった（神皇正統記）。

このような親房の態度といい、先述のように坊門清忠が、正成の功績と能力をまったく評価しなかったことといい、いずれも宮廷内での正成にたいする無視、あるいは嫌悪の反映であったとみて間違いない。嫌悪の念につつまれた正成はしだいに潑剌さをうしない、持てる能力は塩漬けされていった。異形の天皇・後醍醐の政治的破綻に即応するかたちで、正成は枯死していったのである。それはかれが戦争で勝って、政権内部の政治に敗北させられたともいえる奇妙な敗北であった。

その後の「正成」——エピローグ

社会の固定化、差別される人びと

楠木正成の記憶は社会の少数派のなかにのこった。武家権力の復活とこれにともなう武士階級の再編成がすすむにつれて、世の中の武装大衆はしだいに都市や農村に定着し秩序化していった。それはいわゆる国人領主制の発展による地域社会の封建秩序化ともいえよう。武装大衆は国人領主のもとに家臣団化して、地域社会はその家臣団を支えるため封建秩序化をとげるのである。

武装大衆が内乱の戦力であったころ、社会全体はまだ流動していた。たとえば農村の住民は田圃や畑だけで暮らしていたわけではない。かれらは山や川ではたらく供御人《くごにん》、あるいは簡単な手工業生産者、都市と農村を結ぶ運送業者、そして神仏に供祭物をそなえる神人《じにん》でもあった。生産力が低い社会では、ひとつの生産部門だけでは、生活をまかなえないのである。だが、だいたい一三・四世紀をさかいに、農村住民は「農民」に純化してあまり動かなくなる。村にとじこもって共同体をつくるようになるのである。

在地社会が「農民」共同体を基礎に封建秩序化すると、内むきのつよい結合力がうまれる。そういう力で結ばれた人間関係は外にむかっては閉鎖的になり、排他的になる。ようするに封建秩序化はつねに外のものを排除することによって進行するのである。

この結果、階層的にも居住区域的にも差別される少数派を生みだす。その人びとのおしこめられた恨みや復讐の情念は、寺社境内や河原を舞台にはぐくまれる〈語り〉の文芸をとおして、正成の記憶を生産しつづけたと考えられる（兵頭裕己：一九九五年）。のちに怨霊となって顕れる「正成」は、こうした少数派の情念を力の源泉としていた。

怨霊になる正成

『太平記』巻第二十三によると、暦応五年（興国三・一三四二）春のころ、伊予国から京都に不思議な事件が報告された。それは先の湊川合戦で正成に腹を切らせた伊予国の砥部《とべ》の住人、大森彦七盛長のことについてであった。かれは足利氏から恩賞をほどこされたが、正成の怨霊にとりつかれた。恩賞を祝い猿楽《さるがく》を催した彦七は、美しい旅の女房を背負い、お堂の桟敷《さじき》（猿楽会場、地元伝承によれば伊豫灘をのぞむ金蓮寺《こんれんじ》）にむかったが、途中でその女房が鬼に変じ彦七を襲った。鬼形の化け物は正成の怨霊であった。眼は朱を溶いて鏡面に流したようで、上下の歯はくい違い、口の両端は耳の付け根まで広くさけ、眉は漆を何度も塗り重ねたように盛り上がり、中央で左右に分けた髪からは五寸ばかりの、鱗におおわれた角が生え出ていた。

図24　彦七背負う美女、変じて鬼女となる（大森彦七図鐔）
幻想的な怨霊譚は武士に好まれたらしく、かれらの道具の飾りとされた。

彦七は「心飽くまで不敵」な剛勇の者であるから、この場の化け物をからくも撃退した。だが、これいご何度も怨霊の襲撃をうけ、かれは「物狂《ものぐる》い」となる。怨霊は稲光する黒雲とともに堂（金蓮寺の堂）まえに現われ彦七に語りかけた。正成、存命のあいだは、さまざまの謀《はかりごと》をめぐらし、北条高時の一家を傾け、先帝の宸襟《しんきん》をやすめまいらせた。天下一統に帰して、聖代の永からんことを祈ったが、尊氏卿と直義朝臣がたちまち虎狼《ころう》の心をいだき、ついに君の世を滅ぼしてしまった。

これによって忠臣義士、屍を戦場にさらす輩は、ことごとく修羅《しゅら》の眷属《けんぞく》となって、瞋恚《しんい》を含む心（敵にたいする怒りと恨み）は止むことがない、という。さらに怨霊正成はこうも云う。正成はこの者たちと天下を覆そうと思うのだが、それには三毒（貪《どん》・瞋《じん》・痴《ち》）を表すため三つの剣が必要だ、そのひとつが御辺《ごへん》の腰にさした刀だ、これを貫いうけたい、という。正成の亡霊は千頭《せんず》王鬼《おうき》となって七頭の牛に乗り、恨みをのんで死んだ者どもの亡霊をひきつれて彦七の邸に現われ、あるいは蜘蛛の化け物に変じて襲い来るのであった。正成は死してなお戦いつづけている。

怨霊の無念を代弁する

このはなしは、『太平記』の全体の脈略のなかでは浮いており、はなし自体ひとつのプロット（筋書き）を構成している。このためこれは怨霊鎮撫のために書かれた、猿楽の台本ではなかったかという説がある（郡司正勝：一九五九年）。威力たくましい怨霊を、猿楽に祀りとることによって、その憤怒・妄執をなだめるには、怨霊の姿を芸能の庭に迎えねばならなかった。妄執に苦しむ怨霊は、ひとがその無念を語り演ずることによって救われるのだという。

荒ぶる怨霊をとりこんで、死者になりかわって、その者の情念を吐露するのは、始原的には憑依《ひょうい》、口寄せであったりもするが、こうした表現は民間宗教民の回向《えこう》ともむすびついて、〈語り〉と演劇の形式へと変化発展をとげ、やがて芸能としての猿楽を生んだと考えられる。そうとすれば、『太平記』中の正成怨霊譚は、「彦七も此の猿楽の衆なりければ」、大森氏じたいも猿楽の芸能民であったらしく、したがってそこの座で演ぜられ、そして管理されたはなしであったと考えられよう。*

しかしよく分からないのは、大森彦七が足利サイドに身をおき、肝心の正成を討った人物である点である。「正成」は彦七に襲いかかり、とりつく怨霊であるのだから、南朝サイドの少数派が演ずるほうがふさわしい。そう思えるのであるが、この疑問はこのはなしの終わりのところで解けてくる。「物狂い」になった彦七であったが、彦七縁者の「ある僧」(西大寺系の律僧、砂川博：一九九〇年)があらわれ、いま現ずる悪霊どもは修羅の眷属だから、これを鎮めるには大般若経《だいはんにゃきょう》を読むいがいにはない、と家人におしえる。

さてその通り僧衆をまねき、昼夜六部まで大般若経を真読させたら、はたして彦七の「物狂い」はおさまり、正成の亡霊は消えてうせ、二度と現われなかったというのである。

あきらかにはなしは「正成」の天下転覆の戦いから、悪霊「正成」を鎮圧するはなしへと転換している。この転換のなかに、大森氏が正成怨霊譚を演ずる根拠があるのだろう。正成を切腹させた大森彦七は、瞋恚《しんい》の形相で自害した、破れ鎧の正成を思い出しては、いつまでもさまよう亡魂の祟りを怖れたにちがいない。だから、その怨霊譚は亡魂をなぐさめると同時に、祟りを鎮圧するはなしでなければ困るのである。

では、この転換がおこる前の正成怨霊譚はどのようなものだったろうか。いまとなっては分からないが、おそらくはなしの前半、天下転覆の戦い（北条氏を傾け、宸襟《しんきん》をやすんじ、聖代の永からんを祈ったにもかかわらず、虎狼の尊氏・直義に君の世を滅ぼされ、これによって忠臣義士の亡魂は瞋恚の心やまず、尊氏らの天下を覆さんとする戦い・そのための彦七所持刀の強奪戦）が中心であったのではないか。

かつて正成の軍事基盤となった民間武装民には、印地・河原者・芸能民・悪党・無頼の徒らがいる。社会が固まるにつれて少数派となった、かれら制外者《にんがいしゃ》が「正成」を管理することになれば、「正成」の怨霊譚はかれら少数派の情念から出発して、形成されたと考えられる。つまりかれら制外者の体制への怨恨が、つねに「正成」に怨霊の形をとらせ、また怨霊のわざわいの源泉となったはずなのである。

＊　樋口州男氏は正成怨霊譚をあくまで『太平記』作者による虚構ではなく、もともと伊予地方において大森一族によって興行されていたもので、同地方での南朝敗北を説明するために『太平記』がそれをとりこんだのだと理解している（樋口：二〇〇五年）。

衰退する楠木氏残党

楠木正成死後の列島の政治は、足利武家政権の成立と南朝の衰退となって推移し、明徳三年（一三九二）封建国王足利義満のもとに、南北の皇統は合体した。こうした政治の大きな流れのなかで、楠木氏の一統はどうなっていったか。南朝軍事力を支えた楠木氏は正儀《まさのり》のあと、子の正秀が河内に兵をあげ、明徳元年（一三九〇）にあっては嫡子正勝が一門の棟梁《とうりょう》として一族をひきいていたことが確認されている（中村直勝：一九二七年）。

しかしこれ以後、足利武家政権が盤石の体制となるにつれ、ほそぼそとした活動ですらその条件をうばわれていった。かれらはなにか事件がおきるときにのみ、姿をあらわすに過ぎなくなる。西国有力守護大名の大内義弘が足利義満の挑発にのせられ、応永六年（一三九九）和泉国の堺に拠って幕府にはむかったとき（応永の乱）、楠木一族二〇〇騎が姿をあらわした。かれらは義弘方の軍勢に加わっている。この一隊は南北合体をみとめない抗戦派として紀泉一帯に残留する武装勢力であったのだろう。堺の城が落ちると、かれらは大和方面へ逃走した（応永記）。

その後正長元年（一四二八）、楠木氏は自力で挙兵をくわだてたが成功しなかった。くだって将軍義教のとき（正長二年九月）、楠木光正なるものが南都下向の将軍を刺殺しようと機をうかがったが失敗した。かれは法体となって南都に潜伏し、計画を実行しようとしたが、興福寺一条院の坊人筒井順永につかまり、京都六条河原で首をはねられた（看門御記永享元年九月十八日条、同月二十四日条）。この行刑にあたり、幕府は六、七〇〇人の兵士を出して警戒にあたらせた。

なにしろこの前年の正長元年には、南北合体の条件に関する幕府の違約に憤った伊勢の北畠満雅が、後亀山法皇の皇孫小倉宮を奉じて挙兵している。しかも京都市中とその周辺では、徳政を要求する民衆蜂起（正長土一揆）が爆発している。騒然とした世情のなか、かつての反体制の民衆英雄であり、「忠臣義士」（この言葉には武家の正当性を疑わせるイデオロギーが内蔵されていた）でもあった正成の、その末裔と称する光正を処刑するのだから、幕府権力者にとっては、群衆が遠巻きにみているだけでも不気味でならなかった。

この事件から四年たった永享五年（一四三三）、説成《ときなり》親王（後村上天皇皇子）の子息相応《そうおう》院《いん》が「陰謀之企」ありという理由で侍所に捕縛され、管領の手によって害された（看門御記、満済准后日記)。この陰謀事件は直後から「虚名」(いつわりの名目)であると公家の間でささやかれていた。幕府の南朝後胤を絶やそうとする策の一環として仕組まれたものであったかもしれない。南朝後胤は世の中が動揺するたびに、反対派の手によって担ぎ出される可能性をもっており、その存在自体が足利武家政権には危険であったのである。

イデオロギー化する「正成」

南朝後胤にたいする圧迫策は、赤松氏旧臣による自天王、忠義王の殺害と神璽強奪をもってひとつの画期となる。これ以後後胤と宝器という名分上の必要条件をうしなった楠木氏は急速に衰退していった。寛正元年(一四六〇)建仁寺の僧太極は後南朝楠木氏の末路を、つぎのような感想をまじえて日記に記している。

南朝将軍(正成)の孫楠木某が、ひそかに謀反をたくらみ、ことが露見して囚われの身となり、六条河原でその首をはねられた。楠木氏は往昔より、天下兵馬の権を領し、ひとの首を斬ること、幾万と数知れないほどで、罪のない民まで殺戮した。こうして残党が刑死するのも、積悪の報いである。(碧山日録寛正元年三月二十八日条)

かくして楠木氏は滅亡したかのごとくである。だが、ひとの記憶のなかに「正成」は生きつづけた。だいたい正成の血をうける楠木氏一族がどこまで続いたか、それは明瞭には

図 25　嗚呼忠臣楠子之墓（先進繡像玉石雑誌巻第一）

分からないし、いまの主要な問題でもない。正長二年に六条河原で斬刑に処された楠木光正などには、単独で将軍をねらうなど、行動に組織性がみられず、また死にのぞんで「幸い哉、小人の虚詐に依りて、大謀高誉を成す、珍重々」と紙に書いているところなど、多分に楠木氏ではないことをにおわせる。「正成」と同体化したマイノリティーが、大謀高誉をもって世間の目を驚かせようと演じたパフォーマンスであったのかもしれない。

このの ち戦国時代末、楠木氏がしだいに世人の同情を惹くようになると、楠正虎なる人物が出てきて楠木正成の子孫をかたり、派手な政界工作をとおして「正成」の名誉を回復した（新井孝重：一九八二年）。しかし注目すべきはそのような次元での「正成」ではなく、反体制の「正成」が江戸時代に入っても生きつづけ、しだいに力をつけていったことである。幕藩制国家に不満をもつ牢人・軍学者らは〈太平記読み〉を生業としつつ、正成になりきって国家転覆をはかり（由井正雪事件）、赤穂事件がおこれば、首謀者の「忠臣」大石内蔵助は正成の生まれ変わりと世人がもてはやした。

「正成」なるものはつねに、社会の辺界に澱む少数派の怨恨を養分とし、反体制のイデオロギーならびに運動と結びつきながら生きつづけた。ときにこれが名分論の中核となり、民間底辺から国家道徳を組織する推力になったことは、すでに明らかにされているところである（兵頭裕己：一九九五年）。やがて近代国家によって独占管理された「正成」は、国民の脳髄に忠君愛国思想を植えつける装置とされていく（海津一朗：一九九九年）。これにともない、本来もっていた人間的な面白みや、民衆サイドの英雄性といったものの一切が、「正成」からは抜き取られていったのである。

あとがき

わたしはこれまで中世の悪党について、すくなからず研究の時間をさいてきた。とくに東大寺領の黒田荘とそこから生まれた地侍武装民の存在には興味が尽きなかった。そうするうち悪党の跋扈《ばっこ》に動揺する社会状況と鎌倉末期の内乱を、動的に、かつ構造的に解明したくおもうようになり、この数年来は広く社会史的に、この時代の歴史を観察するように心掛けている。そこで気になったのが楠木正成のことだった。

一三、四世紀の動乱期に生きた人物のなかで、畿内にあらわれたものとして、かれはもっとも存在感がある。それはかれが反逆と革命の時代に、もっとも象徴的な人物として、強烈に自己を主張しているからだろう。にもかかわらず、かれは一三、四世紀的な時代の精神ともいうべき、自由、狼藉《ろうぜき》、バサラの精神からはほど遠い。豪胆・反逆の徒ではあるが、どこか気まじめなのである。かれの人生の終わり方が、わたしたちにそう思わせるのだろうか。ともあれかれのイメージには相反するものが多分に感じられた。

そんな、気にはなるが難しい、楠木正成なる人物について、執筆のお声をかけてくださったのが吉川弘文館の大岩由明氏であった。執筆をお約束したのがいつのことであったか、あまり前のことで忘れてしまった。まことに申し訳ないかぎりである。けれども、一言弁明させていただくと、この間のわたしは、かならずしも研究を怠けていたわけではない。ありていに申せば、正成という人物が、わたしの貧弱な学力・能力では手に余る対象であったということである。

とはいえ執筆の放棄はゆるされない。今年（二〇一一年）にはいってからは、時間をつくっては『正成』と格闘する毎日だった。ところが三月十一日、あの大地震と原子力発電所の爆発である。すくなくとも私たちが、いままでに経験したことのない大災厄である。交通機関はまったくのマヒ状態。ようやく電車が動き出しても、帰りの電車が動くかわからない始末である。どこもがいっぺんに暗くなった。電車の中も、街路も、家の中も。計画停電とやらで家中の電気が切れると、わたしは毛布にくるまって、居間の椅子にすわってじっとラジオを聞いていた。

被災した人たちのことや、壊れた原発がまき散らす放射能のことや、悲しみ、不安、恐怖、怒りがこみあげて、『正成』についての思考をかき乱す。それをおしての『正成』との格闘だった。いらい数ヵ月がたった。だが、魔物のような津波が掻き削った東北地方沿岸には、復興の槌音は響いているのだろうか。原発をとりまく状況は、好転しているようには見えない。それどころか、広がりゆく放射能に、列島の全体が言いようのない不安に包まれようとしているではないか。

世の中をリードしてきたのは政治権力の担当者であり、経済界であり、また巨大メディアである。事ここにいたるまでの間には、一部からではあれ、原子力エネルギーについての危険性が再三指摘されていた。それだけに、とんでもないこのエネルギーにたいし、いかなる態度でかかわってきたのか、これからどう向き合うのか、曖昧にすることはゆるされないだろう。憤怒の念はどうしてもこうずる。同時に、被災した人たちが一日もはやく、これまで通りの生活に戻れるよう、ひたすら祈るばかりである。

最後になったが、本書の出版にこぎつけるまで、おそい私の仕事を辛抱づよく待ちつづけ、しかも適宜、ありがたい助言をくださった大岩由明氏に、こころから感謝申し上げる。

二〇一一年八月十七日

新井孝重

参考文献

プロローグ

網野善彦『日本中世の非農業民と天皇』(第一部第一章)岩波書店、一九八四年。

新井孝重「建武政権の特質」(佐藤和彦・樋口州男編『後醍醐天皇のすべて』)新人物往来社、二〇〇四年。

新井孝重『黒田悪党たちの中世史』日本放送出版協会、二〇〇五年。

兵頭裕己『太平記〈よみ〉の可能性　歴史という物語』講談社、一九九五年。

第一章

網野善彦『蒙古襲来』小学館、一九七四年。

佐藤進一『南北朝の動乱』中央公論社、一九六五年。

関　幸彦「『大童』になること」(福田豊彦編『中世の社会と武力』)吉川弘文館、一九九四年。

田中義成『南北朝時代史』明治書院、一九二二年。

中村直勝『南朝の研究』星野書店、一九二七年。

能勢朝次『能楽源流考』岩波書店、一九三八年。

村井章介『分裂する王権と社会』〈日本の中世10〉中央公論新社、二〇〇三年。

山路愛山『足利尊氏』玄黄社、一九〇八年。

第二章

新井孝重「楠木正成の軍事力」『歴史読本』第七〇七号、一九九九年。

新井孝重「悪党と宮たち　下剋上と権威憧憬」（村井章介編『南北朝の動乱』〈日本の時代史10〉）吉川弘文館、二〇〇三年。

新井孝重「元弘以前の楠木正成」『獨協経済』第九〇号、二〇一一年。

生目田経徳『楠木氏新研究』東京清教社、一九三五年。

石井　進「九州諸国における北条氏所領の研究」（竹内理三博士還暦記念会編『荘園制と武家社会』）吉川弘文館、一九六九年。

植村清二『楠木正成』至文堂、一九六二年。

筧　雅博「得宗政権下の遠駿豆」『静岡県史』通史編2、一九九七年。

佐藤進一『鎌倉幕府守護制度の研究』東京大学出版会、一九七一年。

豊田　武「元弘討幕の諸勢力について」『中世の政治と社会』〈豊田武著作集第七巻〉、吉川弘文館、一九八三年。

永井路子・網野善彦対談「楠木正成の実像をさぐる」『歴史読本』三四八号、一九八二年。

三浦圭一『中世民衆生活史の研究』思文閣出版、一九八一年。

山田梅吉『越智氏の勤王』奈良県教育会、一九三六年。

第三章

網野善彦「楠木正成に関する一二の問題」『日本歴史』第二六四号、一九七〇年。

網野善彦『異形の王権』平凡社、一九八六年。

新井孝重『中世悪党の研究』吉川弘文館、一九九〇年。

植村清二（第二章）前掲書。

久保文武「観阿弥所伝についての一資料」『国語・国文』一九五七年十一月号。同『伊賀史叢考』同朋舎、一九八六年。

竹内理三「大和奈良坂非人と京都清水坂非人」『鎌倉遺文』古文書編・第九巻月報、一九七五年。

マックス・ウェーバー著、黒正巌・青山秀夫訳『一般社会経済史要論』上、岩波書店、一九五五年。

森　俊男「弓矢の威力」『歴史群像シリーズ⑩戦乱南北朝』学習研究社、一九八九年。

第四章

新井孝重『蒙古襲来』吉川弘文館、二〇〇七年。

植村清二（第二章）前掲書。

五味文彦、野呂肖生編『ちょっとまじめな日本史Q&A』「御家人」の項、山川出版社、二〇〇六年。

佐藤進一（第一章）前掲書。

高橋昌明「中世人の実像」『中世の光景』朝日選書、一一九四年。

中山寿夫『鳥取県の歴史』山川出版社、一九七〇年。

ハインリッヒ・プレティヒャ著、平尾浩三訳『中世への旅　騎士と城』白水社、一九八二年。

第五章

新井孝重「史料文献紹介・二条河原落書」『日本史の研究』山川出版社、六〇七号、二〇〇七年。

笠松宏至「新しい世への鼓動」『週刊朝日百科　日本の歴史』中世Ⅱ―①、一九八六年。

佐藤和彦『南北朝内乱』小学館、一九七四年。

佐藤進一『日本の中世国家』岩波書店、一九八三年。

原美鈴「『二条河原落書』について」『悪党と内乱』岩田書院、二〇〇五年。

村井章介（第一章）前掲書。「南北朝の動乱」（同氏編『南北朝の動乱』〈日本の時代史10〉吉川弘文館、二〇〇三年。

第六章

林家辰三郎『古代国家の解体』東京大学出版会、一九五五年。

林屋辰三郎『中世芸能史の研究』岩波書店、一九六〇年。

林屋辰三郎『南北朝』創元社、一九六七年。

樋口州男『武者の世の生と死』新人物往来社、二〇〇八年。

ヨハン・ホイジンガ著、里見元一郎訳『ホモ・ルーデンス』〈ホイジンガ選集1〉、河出書房新社、一九八九年。

エピローグ

新井孝重「正儀以後の楠木一族」『歴史読本』第三四八号、一九八二年。

海津一朗『楠木正成と悪党』筑摩書房、一九九九年。

郡司正勝『かぶきの発想』弘文堂、一九五九年。
砂川　博『軍記物語の研究』桜楓社、一九九〇年。
中村直勝（第一章）前掲書。
樋口州男『日本中世の伝承世界』校倉書房、二〇〇五年。
兵頭裕己（プロローグ）前掲書。

本書全体の参考文献

久米邦武『南北朝時代史』日本時代史第六巻、早稲田大学出版部、一九二七年。
黒田俊雄『王法と仏教』法蔵館、一九八三年。
近藤好和『中世的武具の成立と武士』吉川弘文館、二〇〇〇年。
櫻井彦・樋口州男・錦昭江編『足利尊氏のすべて』新人物往来社、二〇〇八年。
佐藤和彦『南北朝内乱史論』東京大学出版会、一九七九年。
佐藤和彦編『楠木正成のすべて』新人物往来社、一九八九年。
佐藤和彦『太平記の世界―列島の内乱史―』新人物往来社、一九九〇年。
菅原正子『占いと中世人』講談社、二〇一一年。
高柳光寿『足利尊氏』春秋社。
永原慶二『日本中世社会構造の研究』岩波書店、一九七三年。
松本新八郎『中世社会の研究』東京大学出版会、一九五六年。

参考史料

『応永記』（群書類従第二十輯合戦部）。
『鎌倉遺文』古文書編（竹内理三編）第一巻〜第四十一巻、東京堂出版。
『鎌倉将軍家譜』寛永十八年版本。
『高野春秋編年輯録』（大日本仏教全書）仏書刊行会。
『鎌倉年代記・武家年代記・鎌倉大日記』（増補続史料大成五十一）、臨川書店。
『看聞御記』続群書類従完成会。
『校本保暦間記』佐伯真一・高木浩明編著（重要古典籍叢刊二）和泉書院。
『楠木合戦注文』複製本　育徳財団。
『建武年間紀』（群書類従第二十五輯雑部）。
『光明寺残篇』（群書類従第二十五輯雑部、岡見正雄校注『太平記』（一）角川書店附録）。
『後光明照院関白記』道平公記（柳原家記録一四九所収）東京大学史料編纂所写本・角川版大平記（上）巻末付録。
『参考太平記』国書刊行会。
『先進繡像玉石雑誌』栗原信充著、嘉永元年版本。
『続史愚抄』（新訂増補国史大系第十三巻）吉川弘文館。
『大日本古文書』東大寺文書之一〜東大寺文書之十七。
『大日本史料』第六編之一〜第六編之三、東京帝国大学。
『太平記』岡見正雄校注、角川書店。

『太平記』後藤丹治・釜田喜三郎校注（〈旧版〉日本古典文学大系三十四）岩波書店。

『田代文書』東京大学史料編纂所影写本。

『中世政治社会思想』上下、（日本思想大系）岩波書店。

『南方紀伝』写本。

『南北朝遺文』九州編（瀬野精一郎編）第一巻〜第四巻、東京堂出版。

『南北朝遺文』中国四国編（松岡久人編）第一巻〜第六巻、東京堂出版。

『南北朝遺文』関東編（佐藤和彦・山田邦明・伊東和彦・角田朋彦・清水亮編）第一巻〜第三巻、東京堂出版。

『梅松論・源威集』（新撰日本古典文庫三）現代思潮社。

『歯長寺縁起』東京大学史料編纂所架蔵本。

『花園天皇宸記』（花園院宸記）（増補史料大成二・三）臨川書店。

『古本伯耆巻』（平泉澄著名和世家付録）日本文化研究所。

『碧山日録』（〈改定〉史籍集覧二十五、〈増補〉続史料大成二十）。

『北条九代記』史籍集覧和綴本。

『増鏡』永井一孝・竹野長次共著（校定増鏡新釈）三星社出版部。

『満済准后日記』（続群書類従補遺二冊）。

『大和国越智家系図』（越智氏の勤王）奈良県教育会。

『和田文書』東京大学史料編纂所影写本。

著者略歴

一九五〇年　埼玉県に生まれる
一九七三年　早稲田大学第一文学部卒業
獨協中学高等学校教諭を経て
現在　獨協大学名誉教授、日本高麗浪漫学会会長

〔主要著書〕
『中世悪党の研究』（吉川弘文館、一九九〇年）
『東大寺領黒田荘の研究』（校倉書房、二〇〇一年）
『黒田悪党たちの中世史』（NHK出版、二〇〇五年）
『日本中世合戦史の研究』（東京堂出版、二〇一四年）
『中世日本を生きる』（吉川弘文館、二〇一九年）

楠木正成

二〇一一年（平成二十三）十月二十日　第一刷発行
二〇二五年（令和　七　）五月　十　日　第二刷発行

著　者　新《あら》井《い》孝《たか》重《しげ》
発行者　吉川道郎
発行所　株式会社　吉川弘文館
郵便番号一一三―〇〇三三
東京都文京区本郷七丁目二番八号
電話〇三―三八一三―九一五一〈代表〉
振替口座〇〇一〇〇―五―二四四
https://www.yoshikawa-k.co.jp/
印刷＝株式会社　理想社
製本＝株式会社　ブックアート
装幀＝古川文夫

ISBN978-4-642-08066-8

南北朝の動乱（戦争の日本史）

森　茂暁著　四六判・二七二頁・原色口絵四頁／二五〇〇円

日本が経験した未曾有の大転換期＝南北朝時代。二つの朝廷と複雑な勢力抗争が絡んだ動乱はなぜ全国に広がり、半世紀以上に及んだのか。個性豊かな人物像とその時代に迫り、南朝が大きく顕彰された近代史にも言及する。

元寇と南北朝の動乱（日本中世の歴史）

小林一岳著　四六判・二八〇頁・原色口絵四頁／二六〇〇円

日本を世界史の渦へと巻き込んだモンゴルの襲来。飢饉・疫病と跋扈する悪党、滅びゆく鎌倉幕府。後醍醐天皇による新政と崩壊、南北朝の王統対立を経て室町幕府の成立へ、〈移りゆく王権〉を動乱の時代の中に描き出す。

南北朝内乱と京都（京都の中世史）

山田　徹著　四六判・三〇六頁・原色口絵四頁／二七〇〇円

鎌倉幕府の滅亡後、建武政権の興亡、南北朝分立、観応の擾乱と、京都は深刻な状況が続く。全国の武士はなぜ都に駆けつけて争い、それは政治過程にどのような影響を与えたのか。義満の権力確立までの六〇年を通観する。

（価格は税別）

吉川弘文館

敗者たちの中世争乱 年号から読み解く（歴史文化ライブラリー）

関　幸彦著

四六判・二五六頁／一八〇〇円

武士が台頭しその力が確立するなか、多くの政変や合戦が起きた。鎌倉幕府成立時の「治承・寿永の内乱」から戦国時代の幕開け「享徳の乱」まで、年号を介した十五の事件を年代記風に辿り、敗れた者への視点から描く。

太平記の世界 列島の内乱史（読みなおす日本史）

佐藤和彦著

四六判・二五六頁／二二〇〇円

天皇・貴族・武士から庶民まで、すべての人々が動乱に巻き込まれた南北朝時代。後醍醐天皇・足利尊氏・楠木正成・夢窓疎石・佐々木道誉・足利義満ら、主役を演じた人物の行動と生き様から、新しい歴史の動きを描き出す。

新田義貞（人物叢書）

峰岸純夫著

四六判・二四〇頁／一八〇〇円

鎌倉幕府を滅ぼした武将。後醍醐天皇に呼応して倒幕を果たし、建武政府の一翼を担う。足利尊氏と対立し、南北朝動乱を体現するが、転戦の末、不慮の戦死を遂げる。凡将・愚将とされた旧来の人物像を覆す義貞伝の決定版。